Hélène Y. Meynaud et Denis Duclos

W0392874

Les sondages d'opinion

3ᵉ édition

Éditions La Découverte
9 *bis*, rue Abel-Hovelacque
75013 Paris
1996

Remerciements

Nous avons bénéficié des avis éclairés de Jean-Marc Chollet (SESSI, ministère de la Recherche et de l'Industrie), de Philippe Denizet (enquêteur à l'IFOP), de Roger Lavergne (ingénieur principal à la SOFRES), et de Guy Michelat (directeur de recherche au CNRS). Benoît Riandey (conseiller scientifique responsable du séminaire de méthodologie à l'INED), M. Valentin (chef de la division « Programme, budget, contrôle » de l'INSEE) et Catherine Souquet, économiste au SESSI, ont bien voulu également nous accorder des entretiens. Nous remercions aussi les enquêtrices de plusieurs instituts de sondage et les responsables des organismes CGT des sociétés d'étude, qui nous ont apporté d'utiles descriptions des conditions d'exercice de la profession, et Colette Piermont pour la documentation. Nous exprimons enfin notre gratitude à l'égard de Michel Freyssenet (directeur de recherche au CNRS), de Georges Morlat (conseiller scientifique à EDF), de Léna Sanders (chargée de recherche au CNRS), de Claire Auzias (chargée de recherche à l'IDEF), de Dominique Merllié (professeur à l'université Paris-VIII) et Loïc Blondiaux (maître de conférences à l'IEP de Lille) qui ont bien voulu relire le manuscrit et faire les suggestions utiles qui ont contribué à l'améliorer.

Le logo qui figure au dos de la couverture de ce livre mérite une explication. Son objet est d'alerter le lecteur sur la menace que représente pour l'avenir de l'écrit, tout particulièrement dans le domaine des sciences humaines et sociales, le développement massif du photocopillage.

Le code de la propriété intellectuelle du 1er juillet 1992 interdit en effet expressément la photocopie à usage collectif sans autorisation des ayants droit. Or, cette pratique s'est généralisée dans les établissements d'enseignement supérieur, provoquant une baisse brutale des achats de livres, au point que la possibilité même pour les auteurs de créer des œuvres nouvelles et de les faire éditer correctement est aujourd'hui menacée.

Nous rappelons donc que toute reproduction, partielle ou totale, du présent ouvrage est interdite sans autorisation de l'auteur, de son éditeur ou du Centre français d'exploitation du droit de copie (CFC, 3, rue Hautefeuille, 75006 Paris).

Si vous désirez être tenu régulièrement informé de nos parutions, il vous suffit d'envoyer vos nom et adresse aux Éditions La Découverte, 9 *bis*, rue Abel-Hovelacque, 75013 Paris. Vous recevrez gratuitement notre bulletin trimestriel **A la Découverte**.

© Éditions La Découverte, Paris, 1985, 1989, 1996.

ISBN 2-7071-1567-3

Introduction

> « La police est un ordre du visible et du dicible qui fait que telle activité est visible et que telle autre ne l'est pas, que telle parole est entendue comme du discours et telle autre comme du bruit [...]. Le régime de l'opinion sondée et de l'exhibition permanente du réel est aujourd'hui la forme ordinaire de la police dans les sociétés occidentales. »
>
> Jacques RANCIÈRE,
> *La Mésentente : politique et philosophie*,
> Galilée, Paris, 1995, p. 54.

Les sondages d'opinion sont devenus indissociables des médias. La télévision et les radios, les quotidiens et les hebdomadaires ponctuent régulièrement émissions et articles, sur les sujets d'actualité les plus variés, par des résultats de sondages. Ils renvoient quasi quotidiennement aux téléspectateurs ou aux lecteurs une image, qui se veut miroir, des « Francais » ou des « Européens » donnant leurs préférences majoritaires et leurs attachements minoritaires sur telle ou telle « question de société ». Si, de 1945 à 1963, on recensait dans le monde 450 sondages par an, soit environ 8 000 (3 000 en Europe continentale, 2 000 en Angleterre et 3 000 aux États-Unis), on en publiait seulement en France plus de 500 en 1983, et 721 en 1991 (*Le Sondoscope*, février 1994), sans compter les sondages à usage privé, non publiés, plus nombreux encore. On peut estimer que, désormais, nous sommes consultés trois fois par jour (*Le Nouvel Économiste*, 15 mars 1996), pour des sondages dont une part est destinée à être portée à la connaissance de tous.

La vague déferlante des sondages n'a pas seulement concerné l'évaluation des intentions de votes, mais toutes sortes d'auscultation des opinions, menées dans des buts souvent éloignés des besoins de connaissance ou de prévision. Ce type d'enquête, désormais routine universelle, nous a habitués à l'idée que nous donnons tous notre avis sur toutes choses, et que les médias, au service de l'opinion publique, s'empressent de le transmettre, pour permettre aux décisionnaires de fonder démocratiquement leurs actes. Alors que la sphère des communications et des informations s'est déployée sur de nombreux supports, palliant les limites de la consultation populaire, le sondage, pour un peu, serait devenu une mesure permanente des variations les plus intimes de l'humeur du public.

L'existence d'une opinion en soi est donc présupposée comme si c'était un fait, une chose immédiatement utilisable au soutien du message du client, ou de l'image des médias eux-mêmes. Rapidement accepté, le chiffre censé nous représenter devrait être aussitôt adopté dans les conversations, comme argument d'autorité. Il devient de l'ordre du « bien connu », et l'ignorer serait faire preuve de légèreté ou, pour une personnalité politique, d'irresponsabilité.

En 1994, et selon la même source, le nombre de sondages en France serait toutefois revenu à 665 (*Le Sondoscope*, janvier 1995) : effet transitoire, indice de saturation ou amorce de déclin ? Selon *Le Sondoscope*, une certaine stabilisation du phénomène s'expliquerait d'abord par les difficultés économiques. Elles conduisent à une compression des budgets destinés à financer des enquêtes d'opinion dans la presse écrite, qui relaie moins aisément les sondages télévisés.

Il existe aussi des interprétations de fond d'un éventuel ralentissement de la « sondagite ». Comme l'avait questionné la critique de Pierre Bourdieu [10]*, comment un phénomène aussi fragile qu'une opinion individuelle peut-il être transformé en matériau collectif homogène et devenir ainsi opposable au tiers, dans les batailles d'arguments politiques ? Qui accepte de répondre à l'enquêteur venu soumettre un questionnaire ? Que signifie l'engagement de la personne enquêtée dans une suite d'interrogations imposées, souvent disparates ? En fin de compte, le succès des sondages n'est-il pas lié à la croyance que nous nourrissons à leur égard ?

Il semble que ces problèmes aient fini par atteindre les milieux les plus portés à l'enthousiasme pour cette technique. Comme nous

* Les chiffres entre crochets renvoient à la bibliographie par chapitre, en fin de volume.

l'envisagions en 1985 dans la première édition de ce livre (chapitre VI de l'édition de 1985), la capacité de prévision des sondages s'est trouvée mise en défaut, au cours de la dernière décennie, face à des mouvements d'opinion plus rapides et plus amples que ce que la mise au point sophistiquée des enquêtes avait pensé anticiper, voire contrôler. Il apparaît de plus en plus que la fiabilité (temporaire) des enquêtes dépend autant d'un *accord implicite préalable entre sondeurs et sondés à propos du champ du questionnement* que de la rigueur des modes d'interrogation, et de la saisie statistique des réponses. Lorsque ce « consensus » disparaît, ce sont les catégories mêmes du questionnement qui s'effritent.

Ce qui fait au fond problème, ce n'est pas tant la méthode employée par le sondage, commune à toutes les enquêtes fondées sur un échantillon représentatif, qu'elles concernent des opinions, des actes ou des objets. Ce qui suscite débat et polémique, c'est l'ambition du sondage dit « d'opinion » à identifier et à quantifier des opinions, dont le lien avec les façons réelles de penser (bien plus complexes) n'est pas clarifié, ni le plus souvent mis en doute.

Certes, le sondage d'opinion a largement profité du progrès des méthodes d'enquête sociologique, comme nous le verrons au chapitre I, et de la capacité grandissante d'offres de services performants, de la part des instituts de sondage, qui sont l'objet du chapitre V. Le sondage est devenu relativement bon marché, maniable, rapide, polyvalent quant au traitement des réponses d'une population à des questions diverses (chapitre IV). Mais cet outil demeure délicat. Il peut être vite dérouté vers l'erreur d'interprétation, ou la simplification outrancière (chapitre III), surtout s'il est mis au service d'objectifs promotionnels à court terme. C'est en considérant avec attention le processus de formation des opinions (ce qui est tenté au chapitre II) que l'on comprend comment les enquêtes par questionnaire ont des chances d'approcher un sens précaire et contextuel, ou bien, au contraire, de proposer des interprétations qui le forcent délibérément, ou inconsciemment. On peut voir ainsi comment le sondage médiatique banalisé peut s'écarter d'une traduction attentive et nuancée des expressions subjectives, tout en jouant de l'effet de sérieux qu'induit l'invocation du chiffre.

Bien que désormais entré dans les mœurs de l'époque, le sondage d'opinion ne laisse pas indifférent : un nombre croissant de personnes refusent de répondre ; divers acteurs sociaux et politiques réagissent à la publication d'un sondage effectué à l'approche d'une élection ; des chercheurs et des universitaires critiquent, amendent, réutilisent les sondages dans des buts de recherche, etc. Le sondage d'opinion apparaît désormais au cœur des jeux de pouvoir et d'influence au point d'exiger, comme nous le verrons au chapitre VII, une meilleure régulation politique, aux plans intellectuel, déontologique et légal.

Ce livre n'est pas un manuel de sondage. On s'y propose de montrer comment les enjeux qui entourent le sondage d'opinion influent sur sa commande, sa conception, sa réalisation, ses résultats et son utilisation. Nous verrons de quelle façon leur objectivité demeure toujours sujette à controverse, et comment ils modifient constamment, à travers les questionnaires, les conditions dans lesquelles nous en venons à énoncer « un » point de vue, ou à nous taire, tout en « n'en pensant pas moins ». Car, au-delà du « discours » du sondage, le silence de la non-réponse ou de l'indécision reste largement indéchiffrable, et nourrit l'inquiétude de ceux qui cherchent en permanence à se justifier par la référence à une majorité statistique.

Peut-être ces silences seraient-ils moins lourds d'énigmes si, au lieu de multiplier les tentatives de révéler l'opinion à elle-même, on faisait un peu plus de place aux approches qui cherchent à en comprendre les discontinuités ou les difficultés à se construire, dans un contexte de pouvoir et d'influence, voire d'aliénation par les effets de société de masse.

I / Histoire des sondages d'opinion

Si l'explosion des sondages d'opinion est relativement récente en France, elle couronne un processus historique où s'enchevêtrent plusieurs tendances : la demande constante de connaissances de la part des pouvoirs centraux (publics et privés) sur les caractéristiques de la population et sur les idées qui y circulent ; la mise au point des méthodes permettant de traiter l'information sur des grands nombres, le développement de la démocratie politique et de ses composantes (élections, presse libre, etc.) ; la transformation des études en produits marchands. Tout cela a contribué, d'abord aux États-Unis, à la création d'instituts de sondage, au carrefour de la prévision politique, de la publicité commerciale et de la communication médiatique. Rebutés par le simplisme ou l'erreur auxquels conduisent les méthodes parfois expéditives de certains « sondeurs » sollicités en ce sens par leurs puissantes clientèles, nombre de chercheurs ont adopté une attitude réservée, et même franchement critique, à l'égard du sondage d'opinion tel qu'il s'est banalisé. Se répercutant désormais dans l'espace public, cette tension constitue aujourd'hui l'un des aspects importants du débat autour des sondages et de leur avenir.

Le pouvoir et la quantification des faits sociaux

Le besoin de connaissances quantifiées sur la population est aussi ancien que l'affirmation de pouvoirs centraux. Les premiers recensements d'habitants ou de soldats remontent à des millénaires. De tout temps, la collecte des impôts sur des populations de statuts variés a nécessité de la part des administrations impériales ou des États médiévaux la recherche de critères d'établissement de l'assiette fiscale. Fonctionnaires, prêtres, bourgeois, syndics sont mobilisés pour tenir livre sur les habitants de leur commune, sur leurs biens et sur leurs revenus. En France, les intendants royaux sont à l'affût de toute information qui permette d'assurer la levée des milices et le versement de la taille. Peu à peu émerge le souci de repérer les éventuelles résistances de la part de telle ou telle catégorie de sujets. Ainsi l'administration de Louis XV est-elle amenée à réaliser en 1745 ce qui pourrait bien être l'ancêtre des grandes enquêtes d'opinion (B. P. Lecuyer [11]). Dans ses directives aux intendants des provinces, le contrôleur général Orry explique qu'il s'agit d'établir un état des richesses et de la pauvreté des peuples des provinces, de calculer le nombre et l'âge des garçons sujets à la milice et capables de porter les armes, de dresser l'inventaire des ressources que l'on pourrait trouver dans « chaque ville principale et dans des paroisses de la campagne pour l'augmentation des revenus du roi » et surtout, ce qui est nouveau, de « semer les bruits dans les villes franches de votre département d'une augmentation d'un tiers sur le droit des entrées. Vous y ferez aussi semer les bruits, ainsi que dans le plat-pays, de la levée d'une future milice de deux hommes dans chaque paroisse, le fort portant le faible. Vous recueillerez avec soin ce qu'en diront les habitants et vous en ferez mention dans l'état que le roi vous demande ». Ce n'est certes pas la première fois que des rumeurs sont volontairement propagées, mais ce qui semble inédit, c'est la consignation systématique des effets de leur diffusion par un réseau d'observateurs disséminés à travers le pays.

Les réactions enregistrées sont variées : à la rumeur d'une augmentation du nombre de conscrits prélevés par paroisse, les Alsaciens répondent favorablement, tandis qu'en Flandres on s'élève contre une nouvelle ponction pour la milice. Les habitants de Lille offrent 100 000 livres pour être exemptés et ceux de Douai 25 000 livres. Dans neuf généralités, on constate des manifestations franchement hostiles. « A Riom, Bordeaux et Tours, les rumeurs suscitent des réactions proches de la sédition et l'autorité doit sévir. » En revanche, dans certains bourgs (Limoges, Tulle, Angoulême), elles ne provoquent que la dérision.

A la fin de l'Ancien Régime, les contradictions sociales et économiques s'exacerbant, l'administration royale tolère (comme l'observera A. de Tocqueville) l'expression du mécontentement populaire, et semble vouloir utiliser à ses propres fins la masse des opinions recueillies dans les cahiers de doléances pour la tenue des états généraux de 1789. Mais l'effet est inverse de ce qui était attendu, et le pouvoir n'est pas en mesure de contrôler la portée explosive de ces millions d'informations sur l'état d'esprit des populations : la logique révolutionnaire a déjà pris la relève. Cependant, la leçon ne sera pas oubliée et l'importance de connaître la réalité économique, sociale et morale, au-delà des seuls objectifs de la fiscalité ou de la conscription, sera de plus en plus appréciée par l'administration centrale et par les classes dirigeantes, ainsi que par les milieux intellectuels et savants à la fin du XVIIIe siècle et au cours du XIXe. Comme le rappelle P. Demonque (*Les Policiers*, La Découverte, coll. « Repères », n° 13, Paris, 1984), l'enquête intéresse directement l'administration policière : « L'habitude de renverser les régimes politiques, contractée par les Français en 1789 » est ainsi pour beaucoup dans le développement massif et ordonné de la police, qui met en place des services d'étude des fluctuations des opinions. Mais en même temps que les basses œuvres, l'idée d'une connaissance de la société, soit pour la maîtriser, soit pour la réformer, fait son chemin parmi les penseurs de disciplines variées. Déjà aux XVIIe et XVIIIe siècles, les philosophes s'étaient intéressés à un large spectre de questions allant des mathématiques à l'essai politique. En Grande-Bretagne, W. Petty n'hésite pas à traiter de l'« arithmétique politique » ; en Allemagne, le grand statisticien Conring est un familier de Leibniz, et les universités de Gottingen puis de Berlin sont des hauts lieux de la statistique sociale au XVIIIe et au XIXe siècle. En France, les mathématiciens La Place et Fourier influencent l'œuvre d'Adolphe Quételet à qui Auguste Comte dispute l'expression de « physique sociale ». En Allemagne, G.V. Mayer et, en Italie, A. Niceforo sont également représentatifs de tentatives intellectuelles ambitieuses pour mesurer les aspects de la vie quotidienne et quantifier les penchants.

Alimentant ces nouvelles réflexions, les enquêtes vont alors se multiplier bien au-delà des cercles savants. La pauvreté et le chômage, qui avaient joué un si grand rôle dans la période révolutionnaire, vont être scrutés attentivement dans leurs corrélations avec la criminalité. Les « classes dangereuses » sont l'objet privilégié de l'intérêt croissant pour les méthodes quantitatives d'observation. Par exemple, lorsque Quételet inclut une rubrique statistique dans la revue *La Correspondance mathématique et physique* qu'il fonde en 1825, il y traite d'abord des questions de démographie pour aborder par la suite l'instruction, les prisons, la mesure de la taille moyenne, les prix, etc. Il compare les statistiques criminologiques en France et aux Pays-Bas. Pour la première fois, il pose explicitement quelques-uns des problèmes soulevés par la quantification des données sociales, en même temps qu'il énonce clairement la portée politique de celle-ci : « Par le calcul, maîtriser suffisamment les faits sociaux pour éviter de coûteuses révolutions » (Michelle Perrot [5]).

Le fait social, ainsi construit, est proposé à la discussion publique. On trouve alors dans la presse des comptes rendus d'études sur les sujets les plus variés : la mesure de l'alphabétisation, la gravité et la fréquence des actes délictueux, la taille des soldats, le nombre des cafés. Des enquêtes portant sur l'aspect subjectif commencent à apparaître, par exemple sur le « goût de la beauté chez différents peuples » (*op. cit.* [5]). Ces multiples explorations se situent dans un contexte culturel conférant un certain prestige à la science sociale (la sociologie) et aux discours d'utopie et de réforme ou de modernisation d'une supposée société englobante, dont les individus seraient les « répondants », en tant qu'éléments de base (cf. le « phénomène social total », selon Marcel Mauss, neveu de Durkheim, grand anthropologue et militant socialiste).

L'école de Fréderic Le Play puis celle d'Émile Durkheim tenteront, chacune à leur manière, de lier une conception de la société à la constitution de séries régulières d'observations empiriques des phénomènes subjectifs, et ce dernier réalisera dans son travail sur le suicide l'un des premiers traitements systématiques des rapports complexes entre caractéristiques sociales, pratiques culturelles ou religieuses et comportements individuels. Max Weber étudiera également les relations entre les situations concrètes des paysans, des ouvriers, des entrepreneurs et les systèmes de valeurs permettant d'interpréter leurs attitudes dans ces contextes.

Malgré ces développements, les études ne s'appuient pas encore sur des questionnaires systématiques, concernant l'actualité, ou sur un personnage politique, telles qu'elles sont aujourd'hui fréquentes. Pour en arriver là, il faudra une longue maturation. C'est en partie aux États-Unis que cette histoire-là va se jouer.

Les « votes de paille » aux États-Unis

La première tentative de saisir une opinion hors de son expression formelle directe à l'occasion d'une élection, et donc de pouvoir à la fois anticiper et, éventuellement, modifier le choix à venir de l'électeur, est probablement celle des « votes de paille » (*straw votes*) organisés aux États-Unis, dès le début du XIXe siècle. Il s'agit de simulations de joutes électorales à venir, que des journaux réalisent en interrogeant leurs lecteurs. Par exemple, lors de l'élection présidentielle de 1824, le *Harrisburg Pennsylvanian* et le *Raleigh Star* publient les résultats de deux votes de paille [22]. Les modalités en sont multiples : bulletin à découper dans le journal et à renvoyer par la poste, urne installée à la sortie des bureaux, journalistes interrogeant des passants dans les galeries marchandes ou dans la rue, etc. Jean Stoetzel (l'un des créateurs des sondages en France) souligne que les « votes de paille » semblent bien avoir été utilisés comme artifices publicitaires pour faire vendre un journal et, à l'occasion, promouvoir les idées politiques de ses propriétaires [1].

Si le « vote de paille » devient obsolète, c'est qu'il ne résiste pas à la concurrence d'une méthode naissante, scientifiquement fondée sur le tirage d'un échantillon représentatif. Déjà, en 1896, le journal de Chicago *The Record* avait organisé dans l'État de l'Illinois un scrutin anticipatif de l'élection présidentielle, à partir d'un échantillon au hasard d'un électeur sur huit. Des résultats proches de 0,4 % de ceux du vote effectif avaient été obtenus et l'on faisait grand cas de la participation d'éminents mathématiciens à cette opération. Ainsi, dans la compétition grandissante qui agitait la nouvelle profession de *pollster* (littéralement : fabricant de scrutins), la méthode augmentant la précision du résultat prédit devenait de plus en plus discriminante, le prestige de la science étant largement sollicité. Au tournant du siècle, celle-ci développe d'ailleurs ses propres activités sur les questions du vote et de l'opinion publique : par exemple, F. J. Turner aux États-Unis et A. Siegfried en France permettent à la géographie et plus précisément à la cartographie électorale de jouer un rôle essentiel dans le progrès des connaissances politologiques. La coopération entre les historiographes, les géographes-statisticiens (notamment à l'université John-Hopkins), les sociologues et les politologues (à l'université de Chicago) et les instances administratives centrales américaines (comme le bureau du recensement) est alors étroite à l'occasion de l'étude des scrutins politiques.

Mais déjà se fait sentir, et peut-être du même mouvement, la division entre « savants » et « techniciens » qui marquera les sciences sociales. Si le sondeur brigue alors la caution des scientifiques, la réciproque n'est pas toujours vraie. Pourtant, c'est bien en tirant argument de leur fiabilité comme outil de prévision quasi exacte des votes que les sondages étayent une réputation ensuite utilisée à des fins différentes, plus controversées. L'histoire retiendra le nom de quelques-uns des innovateurs ayant gagné dans le grand public cette bataille de l'image d'une scientificité des sondages. Celui de Gallup, par exemple, devient (et est encore) synonyme de grand sondage sérieux aux États-Unis.

Lorsque George Horace Gallup fonde, en 1935, l'Institut américain d'opinion publique, il n'est pas seul sur ce marché déjà important ; Elmo Roper crée un organisme de sondages politiques pour la revue *Fortune* (« Fortune Surveys ») et Archibald Crossley conduit le « Crossley Pool » (Monica Charlot, *La Persuasion politique*, Armand Colin (U2), Paris, 1970). L'élection présidentielle de 1936 constitue une occasion décisive d'affrontements entre diverses méthodes d'anticipation des résultats électoraux. La revue *Literary Digest* réalise, à l'aide de l'annuaire du téléphone, un « vote de paille » auprès de dix millions de personnes : celui-ci prévoit la victoire d'Alfred Landon sur Franklin Delano Roosevelt [22]. Au contraire, l'Institut Gallup, qui travaille sur un échantillon de quelques milliers de personnes, mais beaucoup plus rigoureusement établi (en s'assurant de la représentativité de chaque groupe sélectionné, par rapport à la structure socioprofessionnelle de la population globale des électeurs américains), prédit l'élection de Roosevelt avec 55,7 % des voix : celui-ci l'emportera, en fait, avec 62,5 %. Si l'erreur reste importante, elle semble, à l'époque, mineure, et la méthode Gallup est brillamment consacrée, éclipsant la concurrence, moins fiable. La nouvelle spécialité, ainsi légitimée, marque son identité face à la presse, tout en en devenant un fournisseur assidu.

Toutefois, la possibilité d'opérations promotionnelles par la voie d'un « vote de paille » demeure une tentation permanente. Ainsi, Loïc Le Floch-Prigent, président de la SNCF, préface-t-il le questionnaire titré « De meilleurs services, dès demain », massivement distribué dans les gares et les trains en mars 1996, en assurant qu'il a pour but un « engagement » de l'entreprise à l'égard du public. Mais que faire des 180 000 réponses collectées, puisque, tout comme pour les lecteurs d'un journal, il n'y a pas de représentativité contrôlée de l'échantillon, et que l'on risque l'explosion d'erreurs ?

L'introduction des sondages d'opinion en France

Jean Stoetzel, qui a introduit les enquêtes d'opinion en France, décrit la fascination que lui inspire sa première rencontre avec George H. Gallup en avril 1938 à l'université de Columbia (*op. cit.*). Revenant en France, il essaie d'intéresser les journaux à cette technique dont il propose, en 1938, la dénomination française de « sondage », afin d'insister sur son aspect de prélèvement d'information sur de petits nombres de personnes. Il fonde alors l'IFOP (Institut français d'opinion publique). Les premiers sondages qu'il réalise portent sur des sujets divers : « Fumez-vous ? Que pensez-vous de la dénatalité ? Convient-il de prolonger les fonctions des députés ? »

Très vite, les questions politiques surgissent, suscitées par les événements, par exemple, à l'occasion des accords de Munich. Christel Peyrefitte décrit ces premiers sondages d'opinion et confronte leurs résultats avec les jugements exprimés par les parlementaires (« Les premiers sondages d'opinion », *in Édouard Daladier, chef de gouvernement, avril 1938-septembre 1939*, Presses de la FNSP, 1977) : la Chambre des députés approuve la signature des accords de Munich par 535 voix contre 75 (soit 87,5 % de « oui », 12 % de « non », 0,5 % d'abstentions), alors que le sondage d'opinion qui pose la question : « Approuvez-vous les accords de Munich ? » obtient une majorité beaucoup plus faible de « oui » (57 %), 37 % de « non » et 6 % d'abstentions. Un décalage est ainsi mis en évidence entre le vote des parlementaires et ce qui est supposé être l'opinion de la population. Le sondage est également utilisé pour tenter d'apprécier des attitudes plus vagues, comme l'estimation de la possibilité d'un événement. Ainsi de l'étude (également citée par C. Peyrefitte) indiquant en juillet 1939 que 45 % des Français ne croient pas « que nous aurons la guerre en 1939 », résultat qui, dès ce moment-là, pose un problème d'interprétation, caractéristique des sondages d'opinion : a-t-on affaire à l'expression d'un souhait implicite (les gens ne souhaitent pas la guerre et le disent sous cette forme) ? A-t-on affaire à un pronostic ou bien à un refus, éventuellement contradictoire avec la désapprobation des accords de Munich ?

L'aspect qui, dans cette période, fascine les premiers promoteurs des sondages en France, tout comme un public plus large, c'est le miracle du traitement statistique. Marcel Bleustein-Blanchet, président de Publicis, qui se considère également comme le parrain des sondages en France, raconte, lui aussi, sa première rencontre avec George H. Gallup en 1938 et son intérêt lorsque ce dernier lui avait expliqué « avoir découvert le principe des échantillons aléatoires en jouant, dans sa maison de campagne, avec un sac de haricots rouges et blancs qu'il faisait couler dans sa main ». Il exprime sa déconvenue de ne pas avoir convaincu alors les notables de la politique de l'utilité de prendre en considération des éléments de connaissance recueillis auprès du public (« Le président et les bookmakers », *Le Monde*, 26-27 avril 1981, p. 1 et 8).

Cet aspect apparemment non manipulable et rigoureux du calcul impressionne d'autres milieux, comme la CGT, par exemple. A propos du « jeune sociologue Jean Stoetzel » et de l'Institut français de l'opinion publique, un journaliste du *Peuple* (organe de ce syndicat) écrit : « Un instrument nouveau est ainsi fourni à la démocratie pour connaître objectivement l'état et les mouvements de l'opinion. Souhaitons que le gouvernement sache, parfois, tenir compte des résultats obtenus » (*Le Peuple*, 22 août 1939).

L'impulsion donnée par le gouvernement du Front populaire aux grandes enquêtes sociales (effets des congés payés, scolarisation, etc.) est, en France, à l'origine du développement d'institutions utilisant les techniques de sondage. Les activités de sondage se poursuivront pendant l'Occupation. Ainsi Jean Stoetzel dirige-t-il à la Fondation Alexis-Carrel (*Le Peuple*, 22 août 1939) l'équipe de psychologie sociale et celle de « sondages et statistiques ». Avec Alain Girard, il applique la « méthode Gallup ». La Fondation est chargée de « procéder à des enquêtes tant en France qu'à l'étranger, d'établir des statistiques, de constituer une documentation sur les problèmes humains, d'équiper des laboratoires, de rechercher toutes solutions pratiques et de procéder à toute démonstration en vue d'améliorer l'état physiologique, mental et social de la population » [11]. On voit que la préoccupation eugénique chère à Alexis Carrel (et à l'« État français ») n'est pas absente de ces dispositifs de connaissance quantifiée. Un autre institut de sondage, l'agence Dourdin, fondée en 1942, réalise surtout des études de marché (et n'aborde pas les thèmes politiques) : étude du marché de la Loterie nationale, conditions de vie des assurés sociaux de la région parisienne, hiérarchisation des cultures chez les agriculteurs, épargne des paysans [2].

Parallèlement, l'administration de Vichy crée d'autres réseaux, qu'elle ne contrôle pas toujours politiquement. En décembre 1941, la SGF (Statistique générale de France) est remplacée par le Service national de la statistique (SNS) (dont l'INSEE naîtra après la Libération). René Carmille, son directeur, se donne pour mission d'établir un fichier central recensant quantité de données sur chaque personne : état civil, santé, éducation, domicile. Chacun est codé grâce à un numéro de treize chiffres. Cette idée sera reprise, plus tard, pour devenir le numéro individuel de Sécurité sociale. Le but officieux de ce fichier est de préparer en zone libre un service camouflé de mobilisation pour une armée de plusieurs centaines de milliers d'hommes dont on connaît l'âge, l'adresse et le corps d'armée initial. Pour mener à bien ce gigantesque projet, René Carmille fait passer les effectifs du SNS de 200 à 7 000 personnes (ce qui lui permet d'embaucher des milliers d'officiers démobilisés, pour leur éviter le Service du travail obligatoire — STO) et les organise dans une vingtaine de directions régionales équipées avec les machines mécanographiques les plus modernes pour l'époque. Les documents nécessaires à cette mobilisation sont prêts en février 1942, mais la zone sud est occupée à la fin de la même année, et le projet échoue… Par une chance inouïe, le fichier ne tombe pas dans les mains des Allemands. René Carmille poursuit son travail et fonde en 1943 un service des sondages et une école d'application, qui deviendra l'actuelle École nationale de statistique appliquée à l'économie (ENSAE).

Le SNS [5] a, semble-t-il, servi de couverture à plusieurs résistants. René Carmille lui-même, membre du réseau Marco-Polo, meurt à Dachau en 1944. Mais l'appareil qu'il a constitué, par son ampleur et sa modernité, permet, après guerre, de fonder presque directement les bases du principal système de collecte de données statistiques sociales et économiques existant en France.

Cependant, l'Institut national de la statistique et des études économiques (INSEE), dont les effectifs de départ correspondent bien aux chiffres « gonflés » du SNS de René Carmille, doit subir d'emblée des restrictions budgétaires et voit en 1946 son personnel limité à 3 300 personnes. Ce n'est qu'en 1976 qu'il retrouve le chiffre de 7 000 existant pendant la guerre. L'INSEE a pour vocation essentielle la réalisation périodique des recensements de la population et l'analyse de toutes les données économiques systématiquement enregistrées. Il effectue depuis 1946 des enquêtes sur échantillon de la population française, concernant par exemple l'emploi, ou les dépenses des ménages, etc. Quelques-unes de ces enquêtes contiennent des questions d'opinion. D'autres, comme celles portant sur la conjoncture économique, sont de véritables sondages sur les évaluations des chefs d'entreprise quant aux perspectives de l'activité économique.

L'Institut national des études démographiques (INED), fondé en 1946, est également la continuation d'organisations créées avant ou pendant la guerre, comme la Fondation Alexis-Carrel. Son activité est principalement axée sur l'analyse démographique des registres d'état civil et d'autres statistiques administratives ; il réalise de nombreuses études sur échantillon, concernant la natalité, la nuptialité, la santé, le logement, etc., qui comportent des questions d'opinion (par exemple, sur les projets d'avoir des enfants, etc.).

D'autres organismes vont se former (ou se reconstruire), dans l'immédiat après-guerre, plus spécifiquement centrés sur le sondage d'opinion, et en premier lieu dans le domaine politique. Ainsi en est-il de l'IFOP qui est reconstitué en 1946 sous la direction de Jean Stoetzel et d'Hélène Riffault. Celle-ci rappelle [11] que le quartier général des Forces alliées a été chargé par l'état-major de « découvrir les attitudes, les opinions et les besoins de la population dans les territoires libérés ». Au lieu de créer un nouvel organisme, le quartier général utilise et finance l'IFOP pour les recherches dont il a besoin, ce qui assure le redémarrage et l'insertion internationale de l'Institut. L'IFOP convoque ainsi en 1947 un congrès international des organismes et des chercheurs, qui traitent de l'opinion publique en Europe. La chaîne Gallup, dont l'IFOP fera partie, est créée en mai 1947 à Loxwood. L'IFOP réalise des sondages concernant la popularité de la radio, le marché des tabacs, le rationnement (alternative sucre-chocolat), le plan Monnet, etc. Peu à peu, de nouveaux instituts de sondage émergent : l'ETMAR (branche d'études de marché de l'IFOP) en 1947, la SECED en 1952, la SOFRES (filiale de la SEMA) et la SEDES en 1958, A.C. Nielsen en 1960, la SECODIP en 1963.

Ce développement est lié aux perfectionnements importants que connaissent les méthodes de calcul au début des années cinquante, qui vont rendre possibles la standardisation et la commercialisation du sondage. Si les tris à la main et les cartes perforées classées à l'aide d'aiguilles ne permettaient pas le recours à des techniques très sophistiquées d'analyse des données, l'usage de l'ordinateur accroît soudainement les possibilités de traitement, par exemple l'utilisation de l'analyse factorielle. La première étude réalisée en France à la machine (par l'IFOP, en 1956, sur un ordinateur IBM 704) recherche ainsi les facteurs qui sous-tendent les préférences des Français pour les boissons alcooliques de fort degré. L'analyse des résultats indique que le premier facteur permettant de comprendre le choix est la différence entre « liqueur douce » et « liqueur forte ». Le deuxième facteur est le prix, et le troisième est lié aux variations régionales. Hélène Riffault considère cet événement comme une « première, c'est-à-dire le premier recours à l'informatique pour l'analyse factorielle dans les études d'opinion » [11].

Pour les instituts, l'assimilation de cette technique est cruciale pour accroître le nombre de sondages politiques, dont les résultats doivent être sortis le plus vite possible. La productivité nouvelle du sondage politique devient alors un argument de poids pour rallier une clientèle jusque-là réticente. Marcel Bleustein-Blanchet raconte que Pierre Mendès France fut le premier personnage politique qu'il parvint à convaincre de l'utilité des sondages (*op. cit.*). Sur sa proposition, Pierre Mendès France commanda à l'IFOP une enquête consacrée à l'état d'esprit des Français. Guy Mollet, en 1956, fit poser la question : « Si l'actuel président du Conseil quittait le pouvoir, qui, selon vous, serait le mieux placé pour lui succéder ? » « De Gaulle » fut la réponse qui arriva en tête, et Marcel Bleustein-Blanchet souligne malicieusement que, naturellement, personne ne prit ce résultat au sérieux... Il fallut encore une dizaine d'années pour que la classe politique se persuadât de l'importance décisive de cet instrument de prévision dans les stratégies du pouvoir, assez longtemps après que les grandes entreprises eurent systématisé le recours à l'étude de marché et à l'analyse détaillée des opinions liées aux comportements d'achat.

La prévision électorale et l'« intronisation » des sondages d'opinion

L'événement qui lance définitivement ceux-ci en France n'est pas un sondage d'opinion, mais une opération d'« estimation » des résultats nationaux d'une élection, à partir des résultats effectifs d'un échantillon de bureaux de vote.

Le 5 décembre 1965, à 20 heures, Europe nº 1 prévoit, à l'heure précise de la fermeture des bureaux de vote, que de Gaulle, en obtenant entre 43 % et 45 % des votes, est mis en ballottage. Le résultat officiel est annoncé le lendemain matin : 43,97 %. Ce qui apparaît aujourd'hui monnaie courante avec la technique des estimations a provoqué, à l'époque, stupeur et admiration. Grâce au travail de pionniers d'Hélène Riffault et de Jean Stoetzel, le sondage devient un outil non seulement banal, mais indispensable. La légitimité ainsi acquise du sondage prédictif des choix électoraux va permettre le développement des sondages d'opinion proprement dits.

Critique et perfectionnement des sondages d'opinion

Lorsque Paul Félix Lazarsfeld déclare, dans les années cinquante, « représenter jusqu'à un certain point dans sa version universitaire » la profession fort décriée de « sondeur » [8], il s'attire des critiques et ouvrira une polémique qui a encore des échos aujourd'hui. Son cas est, en effet, exemplaire. Ce Viennois boursier aux États-Unis en 1932, de culture politique sociale-démocrate, et formé à la psychosociologie (Lewin, Bühler), n'hésite pas à se poser en chercheur d'un genre nouveau, ouvert au conseil des entreprises. Accueilli à l'université de Newark puis de Columbia, il dirige le Bureau of Applied Social Research qui passe de nombreux contrats avec des sociétés industrielles et commerciales, puis avec les administrations. Il s'agit, par exemple, d'affiner les outils du sondage sur les comportements d'achat. Pendant la guerre, il est mobilisé comme nombre d'autres chercheurs pour étudier la psychologie du soldat. Puis il réalise des études d'impact de la radio américaine (le Radio

Research Programm) à l'occasion desquelles il polémique avec Theodor Wiesengrund Adorno (philosophe et sociologue émigré, l'un des maîtres de l'école de Francfort), il cherche à rompre avec l'image de l'idéologue critique de la société, mais cantonné dans l'interprétation philosophique vague. Il lui préfère celle d'un praticien tentant d'évaluer précisément les conditions du choix individuel dans une société libérale, et se plaçant lui-même dans la démocratie du marché. Cette attitude n'est pas pour déplaire à un *establishment* qui cherche, notamment après guerre, à promouvoir dans tous les secteurs le modèle américain de développement. Paul F. Lazarsfeld participe ainsi activement aux efforts du plan Marshall pour « réduire le sous-développement des sciences sociales européennes et lutter contre l'influence du marxisme dans le milieu intellectuel » (selon M. Pollak [8]).

Au cours des années cinquante et soixante, les techniques utilisées en sciences humaines aux États-Unis se développent en France. L'essor de la psychologie sociale (représentée notamment par Guy Palmade et Serge Moscovici) contribue à appliquer au champ social les soucis de mesure et de comptage en vigueur dans la psychologie expérimentale. Reprenant la tradition positiviste durkheimienne en sociologie, Raymond Boudon introduit les idées de Paul Lazarsfeld. En statistique, des progrès considérables sont réalisés dans le domaine de l'analyse multivariée (analyse en composantes principales, analyse factorielle de correspondances, etc.), soutenant le renouvellement des enquêtes quantitatives.

Parallèlement, une demande d'études se développe dans les milieux administratifs, imprégnés des thèses keynésiennes et de l'idéal du *welfare state*, afin de compléter les indicateurs sociaux sur les problèmes urgents (pollution, crime, santé) par des informations concernant les motivations, les souhaits, les jugements portés à leur propos par les personnes.

Dans la mouvance du Commissariat au plan, l'État finance de grandes enquêtes sur diverses questions sociales : la condition des familles ouvrières est étudiée tant du point de vue économique et social que de celui des aspirations et des attitudes des individus devant la vie. Les sociologues « quantitativistes » affrontent les questions de l'échantillonnage, de la représentativité à divers niveaux, de même que les difficultés de la saisie d'expressions subjectives, d'opinions et de la mise au point d'échelles d'attitudes.

Dans certains cas, comme celui du Centre d'étude de la vie politique française (CEVIPOF), les chercheurs produisent leurs propres chiffres (enquêtes sur l'attitude politique des jeunes, des femmes, des classes moyennes, etc.) et utilisent celles, complémentaires, des instituts de sondage. D'une manière générale, les lieux de production de grandes enquêtes sont alors essentiellement des instituts publics spécialisés : études économiques et données sociales à l'INSEE, études démographiques à l'Institut national d'études démographiques (INED), suivi de l'emploi et des qualifications au Centre d'étude sur l'emploi (CEE) et au Centre d'étude et de recherche sur les qualifications (CEREQ, dissous en 1994 par le gouvernement Balladur), analyse des revenus au Centre d'étude sur les ressources et la consommation (CERC), étude de la consommation et des aspirations au Centre de recherche et de documentation sur la consommation (CREDOC), dimensions sociales de l'épidémiologie à l'Institut national de la santé et de la recherche médicale (INSERM), etc.

Cependant, depuis plusieurs années, la mobilisation des sciences sociales par le secteur public et para-administratif rencontre des problèmes. Malgré le maintien d'une orthodoxie scientiste (notamment à l'École des hautes études en sciences sociales), nombre de chercheurs perdent confiance dans la fiabilité des enquêtes quantitatives. De plus, face aux énormes moyens mobilisés ou utilisés par les médias, les données collectées dans des cadres universitaires apparaissent souvent infraliminaires, trop fragmentaires pour contrebalancer les grandes machines à publier du chiffre.

Cette marginalisation relative de l'influence des chercheurs, se combinant avec les critiques portées par ces derniers sur les limites de validité des sondages d'opinion, a conduit, au cours des années soixante-dix, à un recul de ce que Wright Mills a pu nommer l'hyperempirisme des sciences sociales aux États-Unis, voire à un certain rejet. Celui-ci, curieusement, était déjà argumenté d'une manière prémonitoire dans les années cinquante par Pitirim Sorokin [42], dans sa critique de la « quantophrénie » caractérisant pour lui la sociologie américaine, ou par Michel Crozier, qui voit alors dans la théorie de l'opinion utilisée dans les sondages un moyen pour les grands intérêts conservateurs et pour les institutions centrales de masquer les conflits, de camoufler les différences et de réduire les individus à un rôle passif (« *Human Engineering* : les nouvelles techniques humaines du *big business* américain », *Les Temps modernes*, juillet 1951). Le commentaire pseudo-sociologique faisant « parler » les masses à partir de leur « expression empirique » est une tentation du pouvoir, auquel le magistère académique, en tant que corps social, n'échappe pas plus que l'élite politique ou économique.

Ces critiques, désormais classiques, sont toujours au centre des interrogations sur le rôle des sondages dans la mise en scène statistique des opinions individuelles qu'ils suscitent.

D'Agnès Pitrou relativisant l'usage des sondages en sociologie (« Du bon usage des enquêtes d'opinion », *Revue française de sociologie*, 1971, XII, nº 2, p. 211-217) à Pierre Bourdieu qui déclare que « l'opinion publique n'existe pas » (*op. cit.*), pour mieux montrer comment des opinions particulières y sont englouties, il existe désormais, parmi les sociologues, un front d'arguments critiques (plus ou moins nuancés) sur le phénomène du sondage d'opinion. Ce dernier, porté par les médias, apparaît étroitement lié au développement d'un secteur marchand d'analyse — mais aussi d'influence — des attitudes d'une population. Bien rémunérée, l'expertise de l'« évaluation des humeurs » répond aujourd'hui d'une façon industrielle à des demandes qui se multiplient, comme si connaître à l'avance les réactions (présumées explicites) des citoyens, des usagers, des consommateurs devenait une démarche requise pour toute institution, toute organisation, toute communauté prétendant à une action rationnelle. Mais ce marché en explosion de la « voyance scientifique légitime » repose sur la prégnance d'un certain nombre de préjugés quant à ce qu'est une opinion et les moyens de l'influencer ; et c'est sur le traitement de la notion d'opinion que semble s'effectuer le clivage entre sondeurs et chercheurs en sciences sociales utilisant des techniques de collecte quantitative formellement apparentées. C'est donc sur cette notion qu'il est nécessaire d'engager la réflexion.

Les sondages d'opinion dans les pays de l'Est

Les sondages ne sont pas l'apanage des pays occidentaux. S'ils ont été tenus secrets pendant la guerre froide, ils réapparaissent dans les revues et publications soviétiques à partir de 1970. La revue de sociologie soviétique *Sotsiologicheskie Issledovaniia*, publiée à Leningrad, en donne de multiples exemples. Des chercheurs américains ont dressé un inventaire des enquêtes par sondage réalisées de 1975 à 1977 et des résultats qu'elles apportaient sur les attitudes du public dans les pays de l'Est [55]. Les sujets abordés concernaient principalement la jeunesse, l'attitude des travailleurs par rapport à leur travail et l'environnement du travail, les rôles personnels et professionnels de la femme et l'impact de ces changements sur la famille. Les études portant sur la lecture, les vêtements, le temps libre s'apparentaient davantage à des recherches sur les modes de consommation qu'à des études de marché.

Les sondages d'opinion prirent un essor considérable à partir de la période gorbatchévienne. Dans un premier temps, un idéal de démocratie directe permanente auréola le recours au sondage. De nombreux instituts de sondage virent le jour ; une « guerre des sondages » se déclencha. Désormais, chaque année, on réalisa autant de sondages que pendant l'ensemble de la période soviétique, et les histogrammes de distribution des opinions présentés dans les médias étaient alors familièrement appelés « saucisses gorbatchéviennes ».

Selon A. Gasparishvili [57], la complexité croissante de la société et l'augmentation des tensions sociales créent désormais le besoin de suivre en temps réel les aspirations de la population. Une part importante des sondages mesure ainsi les attitudes de la population par rapport aux tensions sociales. Par ailleurs, les contours sociaux des divers groupes de pression étant flous, ces derniers ont intérêt à se réclamer de l'opinion publique la plus large possible, pour légitimer leurs revendications.

Malgré (ou à cause de) cette expansion, la qualité des sondages est devenue problématique : la production des données statistiques de référence est, semble-t-il, de qualité inférieure à celle de la période soviétique et n'est guère accessible, en dehors de Moscou. Nous pourrions connaître en France un problème similaire, si se révèle juste l'appréhension qui se fait jour dans les milieux professionnels (« Le ministère des Finances s'est refusé à programmer le budget nécessaire au recensement prévu pour 1997 », *Séminaire des méthodes d'enquêtes de l'INED, compte rendu de la séance du 22 novembre 1994*). La question du recensement de référence est aussi posée dans les pays occidentaux. En Allemagne, où son principe a été contesté ; en France, où, pour des motifs de coût, le recensement national pourrait être retardé de deux ans (ce qui changerait la valeur des données d'enquête prétendant s'appuyer sur lui).

En Russie, les échantillons représentatifs sont difficiles à construire : le pays est vaste, seul un tiers des familles ont le téléphone, et leur répartition n'est pas aléatoire, les listes électorales sont obsolètes. Le terrain d'enquête lui-même pose problème. Les enquêteurs sont inquiets de l'insécurité grandissante des villes et ont peur de circuler. Ils doivent affronter les molosses censés protéger les enquêtés. Pour diversifier les populations d'enquêtés, certains sondeurs officient dans les aéroports, dans les gares ou dans des trains qui traversent le pays. De nombreux « sondages de paille » sont effectués par courrier au sein du lectorat d'un journal, malgré le biais considérable que l'on reconnaît depuis longtemps à une telle méthode (cf. *supra*, p. 10-12).

La fragilité des sondages est amplifiée par la faiblesse désormais chronique des institutions académiques, susceptibles de limiter les dérives méthodologiques et éthiques [58].

II / Les sondages et la notion d'opinion

La technique du sondage appliquée au traitement des opinions ne pose pas les mêmes problèmes quand il s'agit de prévoir les choix des électeurs, se prononçant réellement sur des alternatives précises (les noms de tel ou tel candidat), et quand il s'agit de saisir les subtilités de la pensée individuelle face aux divers aspects de la vie. L'opinion devient ici un domaine complexe de recherche, et prétendre la saisir au moyen de questions simples et peu nombreuses paraît assez contestable.

Quand et comment se forme et s'exprime une opinion ?

Les goûts d'un consommateur, l'orientation politique d'un citoyen, les jugements moraux, les genres de vie peuvent-ils réellement être « saisis », hors du mécanisme de l'échange de parole entre interlocuteurs se validant réciproquement ? Lorsque les discours des « sondeurs » donnent à penser, avec vraisemblance, qu'ils peuvent parler au nom d'un grand nombre de gens interrogés en dehors de conversations spontanées, et quantifier le « retour de l'individualisme », le « sentiment d'insécurité », la « morosité » des Français ou la « montée du racisme », etc., de quoi parlent-ils en réalité ? On ne peut répondre, comme George H. Gallup, que la définition de l'opinion, c'est tout simplement… « ce que mesurent les sondages », comme on a pu dire par ailleurs que le quotient intellectuel, c'est seulement ce que mesure le test de QI, ou que la vérité, c'est ce que mesure le détecteur de mensonges ! Si l'opinion publique, comme le suggérait Jean Stoetzel, n'est pas un objet mais un « chapitre pour la recherche », elle ne peut être purement et simplement identifiée à ce que nous présentent les sondages. Il s'agit de bien comprendre à quelles conditions et dans quelles limites assez étroites ceux-ci peuvent se faire les indicateurs d'un phénomène réel, et, au contraire, quand ils deviennent simplement des outils d'illusionnisme, créant ou renforçant ce qu'ils prétendent observer.

L'opinion n'est pas une donnée « immédiate » de l'activité humaine

L'opinion individuelle, qui apparaît comme un discours élaboré par une personne, ne peut être convoquée sur-le-champ par le questionnaire ou l'entretien, comme si elle existait, toute fabriquée, prête à l'emploi, sans subir de modifications. Nombre d'études (ethnologiques, linguistiques, sociologiques) convergent pour indiquer que c'est dans un enjeu concret, surgissant lors d'interactions entre individus (conversation au café, entre parents, dans l'usine, au bureau, dans un groupe militant), que l'on fait l'effort de construire ou de rappeler à soi une opinion et de s'y tenir.

Cette construction varie selon les interlocuteurs, ou plutôt selon la valeur que prennent, pour celui qui parle, la présence et l'écoute d'autrui : une opinion exprimée devant un supérieur n'a pas le même enjeu et n'entre pas dans la même stratégie que lorsqu'elle est formulée avec un collègue, en privé ou en public, dans une relation amoureuse ou avec les enfants, etc.

Ainsi, l'opinion est toujours un « construit social » dépendant de la situation dans laquelle elle s'exprime. Sous un certain angle, on peut considérer que c'est la contrainte sociale ou politique qui pousse la personne au point où elle doit se rallier à un discours, sous peine d'être en butte à l'incompréhension, voire la désapprobation. Cette contrainte est présente même lorsque l'individu intériorise son rôle avec plaisir.

Lorsque, dans les rapports quotidiens, on se sent tenu de dire ce que l'on pense (et donc de rassembler les éléments d'un énoncé), on a recours, pour se faire comprendre, au langage commun, c'est-à-dire à des formules souvent stéréotypées qui ont l'avantage d'être reçues immédiatement. Elles ont l'inconvénient de dépasser, ou d'être en deçà de ce que l'on ressent d'une façon le plus souvent incertaine, indéfinie, parfois contradictoire. En émettant une opinion, l'individu se trouve pris dans ce qu'il énonce : il est alors davantage parlé par le discours qu'il ne maîtrise celui-ci. Ce qui s'exprime en lui, c'est un « moi » social bien rodé, qui sait, lui, ce qu'il dit. Par exemple, un patron sait ce qu'il doit dire à un employé, et réciproquement, tant qu'ils ne sortent pas des comportements codifiés pour chaque partenaire. S'ils en sortent, les choses peuvent devenir beaucoup plus ambiguës, hésitantes : peut-être n'auront-ils précisément rien à se dire, parce que tout ou presque les sépare dans leurs expériences de vie.

Mais si celui qui affirme péremptoirement, c'est ce rôle auquel on adhère au moment où l'on prend la parole (en tant qu'ouvrière, syndicaliste, père de famille, jeune consommateur de CD, etc.), cela voile ou ignore d'autres aspects de la personnalité. Le ralliement à telle identité sociale est opéré à partir de sélections, de choix (certes souvent contraints) de la part de l'individu ; mais il n'est jamais absolu, figé une fois pour toutes, même chez celui qui paraît y croire dur comme fer : il est au contraire conditionnel, et calculé plus ou moins inconsciemment. La personne conserve une certaine distance à ses propres opinions : non que l'on puisse échapper à la socialisation, mais il existe une place pour le doute, l'informulé, le silence, la recherche de ce que l'on veut vraiment dire, ou de ce que l'on aurait envie d'être, lorsqu'on n'est pas en train de tenir le discours nécessaire de sa place dans « la » société, ou dans ce qu'on croit être les références collectives du moment.

Par ailleurs, le débat concret n'est pas seulement le moyen d'élaborer une opinion plus ou moins ferme, c'est aussi le lieu où s'opère une sélection des opinions par les interlocuteurs de celui qui les émet. Les participants à la conversation ordinaire ont la possibilité de négliger ou de consigner les paroles de l'individu qui s'adresse à eux. Au cours d'un débat réel, on peut ne pas entendre telle ou telle opinion, la tenir pour non advenue ou exprimée sur le mode de la plaisanterie, laquelle peut à tout moment être retirée, dans un jeu collectif négociant la forme de participation de chacun, et donnant aussi du sens aux silences, aux soupirs, aux clins d'œil, etc. La conversation est un ajustement mutuel où s'équilibrent plus ou moins les tentatives d'imposer un thème au débat, une vision du monde, des valeurs de références communes. L'opinion que chacun y fait comparaître, dès lors, n'est pas strictement personnelle : elle reflète, dans son contenu et sa forme, une acceptation des règles de la discussion et y réaffirme ses propres droits de membre (Garfinkel, Quéré).

Les analyses des sciences sociales sur les processus concrets de formation de l'opinion ont, ainsi, des conséquences importantes sur la représentation d'ailleurs historiquement récente, selon laquelle un individu = une opinion. Or, on peut observer que si, dans le débat naturel, l'opinion est déjà quelque chose de fragile, d'individuellement incertain et de socialement contingent, la situation de sondage tend à *accroître* encore cet aspect en forçant une réponse formalisée, et surtout imposée par un sujet (le sondeur) qui n'est pas un interlocuteur concret. En effet, élaborer un discours, préparer des arguments, les agencer en fonction d'une discussion réelle ne sont pas la même chose que répondre à une question de questionnaire, posée par l'agent d'une organisation, quelle qu'elle soit.

Le sondage : formation ou déformation des opinions ?

Dans la vie courante, on a généralement le temps de se faire une opinion par l'expérience et la confrontation avec ses proches. Cette opinion élaborée dans la vie n'est d'ailleurs que temporairement établie. Elle peut à tout moment être remise en cause et différer, en fin de compte, du comportement effectif qui sera adopté dans la pratique. De même, la personne est susceptible de mieux assurer ses propres positions au cours d'une discussion, et de les présenter à la fin d'une façon moins simpliste, ou moins équivoque, qu'au début, cela en fonction de la maîtrise qu'elle gagne peu à peu sur les conditions du débat. Or, la personne interrogée dans un sondage est mise en situation de formuler sans tarder un jugement, ou plus généralement de choisir immédiatement entre plusieurs jugements qui lui sont soumis, ceux-ci devant s'exprimer dans des formules aux nuances prédéfinies par une gamme étroitement limitée de réponses. De plus, la personne interrogée ne peut guère intervenir sur le déroulement de l'entretien ni sur son rythme. Elle n'a que très peu de moyens de moduler son degré de participation à ce débat artificiel.

On pourrait soutenir à l'avantage des sondages qu'ils obligent la personne à se prononcer clairement, ce qu'elle ne ferait pas nécessairement en situation quotidienne : par exemple, sur la cohabitation avec les immigrés, une personne, dans une conversation courante, peut produire mille nuances, ou formuler des opinions qui démontrent son libéralisme, alors que le choix entre des jugements tranchés qui lui est proposé dans un sondage, par ailleurs anonyme, va finalement la pousser à dévoiler ce qu'elle pense réellement avec plus de franchise (ainsi d'un sondage [Sondage RTL-*Le Monde*-IPSOS, du 24 août 1996] sur les « sans-papiers », en grève de la faim à l'église Saint-Bernard à Paris, montrant que plus de 40 % des Français seraient « indifférents » ou « hostiles » à leurs demandes, les catégories d'indifférence et d'hostilité s'additionnant, dans un contexte de polarisation « pour » ou « contre »). On pourrait également dire qu'en forçant la personne à se prononcer sans recul sur une formulation qu'elle n'aurait peut-être pas utilisée d'elle-même, le sondage obtient l'image d'une adhésion à des schémas de pensée collectifs plus ou moins inconscients, concernant moins ce qui relève de l'expérience personnelle que d'une idéologie diffuse, mais efficace sociologiquement.

Ces remarques tendraient à faire penser que le sondage d'opinion saisit *au moins un aspect réel* des opinions. A une réserve près : les différences entre formulation quotidienne, familière et négociée d'une opinion et formulation dans la situation davantage aliénée d'une commande de sondage devraient faire l'objet d'une évaluation précise, ce qui n'est généralement pas le cas.

La réduction des possibilités d'alternatives ou de nuances qu'implique la situation de sondage entraîne quelques effets connus, pourtant trop rarement rappelés dans la pratique des sondages banalisés. L'enquête politique, par exemple, a souvent pour conséquence de pousser les personnes interrogées à ne pas prendre de risques (contrairement à ce qu'on pourrait supposer du fait de l'anonymat). On obtient alors un gonflement des réponses moyennes, qui donnent l'impression de l'existence d'un marais centriste, là où il n'y a peut-être rien d'autre qu'une combinaison d'absences d'engagement, différemment motivées.

Un effet de conformisme est obtenu, selon Patrick Champagne [19], en posant une question dont la batterie de réponses s'échelonne de « pas du tout d'accord » à « tout à fait d'accord », en passant par « plus ou moins d'accord » et « d'accord ». Les individus dont l'opinion est hésitante et qui ne veulent pas s'abstenir se rangeront dans les deux catégories médianes avec le sentiment d'être normaux, de tomber juste, en n'étant dans le fond ni pour ni contre. Cela conduit à un résultat global « d'accord », et donc d'apparence de consensus.

Cette caractéristique des sondages a pu être ouvertement considérée comme un défaut par des organisations sociales et politiques militant pour des changements. Ainsi, Monica Charlot (*op. cit.*) raconte qu'en Grande-Bretagne, avant l'élection de 1959, le parti travailliste n'avait pas accepté une offre bénévole de sondage parce que certains dirigeants craignaient qu'à se mettre à l'écoute des électeurs le parti perde tout esprit de réforme. « L'essence d'un parti réformateur est de mettre en cause les valeurs établies et non pas de les suivre », était-il rappelé. La leçon a été également retenue par les candidats aux élections présidentielles (aux États-Unis, en France), qui savent que, dans certaines circonstances, la résistance ouverte du personnage public à une « demande du public » établie par sondage peut apparaître comme une preuve de courage et rallier finalement les suffrages.

L'effet de conformisme induit par le sondage n'opère pas seulement en regroupant les opinions éventuellement adverses dans une majorité molle, il consiste aussi à attribuer une opinion à des personnes qui n'en ont pas nécessairement une qui soit disponible, avouable ou simplement existante sur la question posée. Les opinions auxquelles on a recours d'une manière active et décidée (par exemple, lorsqu'on veut convaincre autrui) ne sont pas le fait de toute personne à tout moment. En réalité, ces opinions mobilisées (Pierre Bourdieu [10]) ont un sens pour ceux qui sont concernés, et qui en connaissent les tenants et les aboutissants. Un sondage sur la contraception féminine ne peut avoir la même signification pour les hommes et pour les femmes. Des questions comportant des expressions savantes ou spécialisées comme « rayonnement ionisant », « IVG » ou « PNB » vont nécessairement rester incomprises par une partie des personnes interrogées. Cela ne veut pas dire que des sondages adressés seulement à des experts ou à des leaders d'opinion soient plus valides que ceux qui questionnent un échantillon représentatif de l'ensemble de la population. Car, pour eux également, se pose le problème de savoir sur quels aspects les personnes se mobilisent comme porte-parole, et sur quels autres elles n'estiment pas utile d'avoir un point de vue détaillé.

Produire — ou non — une opinion à propos d'un sujet donné n'est pas légitimement reçu de la même manière par toutes les personnes. Selon Pierre Bourdieu [10], même lorsqu'un homme interrogé n'a pas d'opinion politique, il se sent souvent obligé d'en donner une, alors que si une femme en a une, elle tend davantage à se sentir dispensée de la formuler. Cette différence même est contingente : selon Janine Mosuz-Lavau (« Le vote des femmes en France : 1945-1993 », *Revue française de sciences politiques*, vol. 43, n° 4, août 1993, p. 673-689), la tendance à l'abstention caractérise moins aujourd'hui le comportement des femmes : à partir de 1969, l'abstentionnisme féminin ne dépasse plus que de quelques points celui des hommes. Il concerne surtout la partie la plus âgée de l'électorat féminin, soit les femmes âgées de plus de soixante-quatorze ans.

Dans les scrutins des années 1988-1995, on peut soutenir que les femmes sont un peu plus à gauche, moins lepénistes, un peu plus « vertes », et ce d'autant plus qu'il s'agit de jeunes femmes, massivement insérées dans le déroulement d'études ou l'exercice et/ou la recherche d'un emploi. Ce qui semble indiquer qu'à situation professionnelle devenant comparable à celle des hommes, une spécificité des opinions féminines continue à s'affirmer de façon durable, dont les raisons devraient être explorées davantage. Par exemple, en ce qui concerne les valeurs du travail, Guillaume Lachaise [60] note que « les différences entre les hommes et les femmes s'effacent presque totalement cette fois encore, dès lors que l'on distingue ceux-ci et celles-là en fonction de leur rapport à l'activité ».

Les non-réponses en disent parfois plus long que la réponse forcée. L'expression d'un non-engagement ou celle d'opinions non compatibles avec la situation d'enquête peuvent également apparaître dans la catégorie des « non-réponses ». L'artifice dans l'interprétation consiste alors (ce qui est désormais un procédé bien connu) à faire comme si cette catégorie n'existait pas. Ainsi pourrait-on suggérer que plus de la moitié des Français pensent que « le pape est plutôt à droite », en omettant de rappeler que 48 % n'ont pas voulu s'exprimer sur ce point, pour une série de raisons sans doute éloignées les unes des autres (ignorance, refus des croyants d'associer position religieuse et attitude politique, etc.). Plus largement, ce n'est pas nécessairement dans l'opinion émise dans les conditions d'un questionnaire que l'individu fait parler sa propre réalité concrète. Parfois, c'est plutôt en se taisant, en s'abstenant de répondre à une demande d'étiquetage, en se dérobant à la volonté de l'interpellateur de le classer qu'il marque sa propre consistance. La diversité des attitudes face à la question rend donc difficile l'interprétation des non-réponses comme celle de la valeur d'opinion à accorder à une réponse, à moins de s'en tenir à une attitude de mépris envers celui qui ne vous répond pas.

Le résultat d'un sondage dont on n'analyse pas les non-réponses induit en tout cas une interprétation biaisée de ce que pense la population, puisqu'il surestime le sens de ce qui aura été dit, et sous-estime celui des silences.

En résumé, l'opinion semble être bien trop « fluide » pour être figée par le sondage. Elle ne définit jamais complètement celui qui parle, lequel peut changer de rôle, emprunter un autre discours, ou faire autre chose que ce qu'il dit. Ensuite, l'opinion se formule normalement dans une conversation, qui est une situation élaborée dans une certaine égalité entre interlocuteurs (l'*isagoria* des Anciens) et dans laquelle son statut reste transitoire. Elle circule plus qu'elle n'est absolument liée à tel ou tel. Elle implique une certaine connivence du groupe. Enfin, elle se manifeste dans les silences, les gestes, les actes, parfois en contradiction avec les mots. Or, dans la situation de sondage, la personne interrogée ne peut échapper à l'interpellation (sinon en refusant l'enquête). Elle n'a aucune prise sur l'élaboration des questions. Elle ne choisit pas (ou peu) les mots ; elle ne peut faire valoir un silence ; elle est seule face à une organisation ; elle a l'impression de ne pouvoir s'avouer en contradiction avec elle-même. En bref, elle a le sentiment de ne pas maîtriser les propos qui lui sont définitivement attribués.

Le sondeur tente parfois de surmonter ces difficultés, mais il tend souvent à la solution de facilité, en s'en remettant à l'idée implicite que la quantification statistique efface les éléments circonstanciels qui valident ou invalident la production d'une opinion.

Enjeux sociaux, politiques et économiques de l'opinion construite par les sondages

Quelle que soit la difficulté inhérente à la constitution et à la restitution d'une opinion, le sondage n'aurait qu'un effet assez limité de mise en scène s'il n'était pas la plupart du temps constitué comme l'instrument d'objectifs, au service de forces motivées par des intentions interventionnistes, à grande échelle. Le souci d'éviter la transformation du sondage en arme pure et simple donne leur portée aux préoccupations éthiques concernant les conditions de sa valeur cognitive. Cette question vaut pour toute enquête, même à visée scientifique, mais elle semble particulièrement pertinente quand les buts avoués des acteurs sociaux recourant systématiquement au sondage sont de capter une clientèle, de s'assurer l'appui d'électeurs ou d'anticiper les réactions des contribuables mécontents.

Le problème est de savoir dans quelle mesure le contexte du sondage (le motif de sa commande, la maîtrise de sa publication ou de sa tenue confidentielle, le choix du moment de sa passation, la puissance de son commanditaire, etc.) n'est pas un facteur important qui limite et déforme sa capacité à être un outil de connaissance.

La légitimation par l'opinion majoritaire et le contrôle des débats publics

Le sondage apparaît aujourd'hui comme un moyen privilégié d'appel au jugement des gens sur de multiples questions. L'opinion publique est devenue un enjeu de légitimation de l'intervention de la puissance politique ou économique : celle-ci se justifie de ce qu'elle est soutenue par une majorité d'électeurs ou de consommateurs. Il importe donc, dans la compétition pour apparaître plébiscité, de contribuer à faire tourner le débat public autour de ce qui doit faire l'objet du soutien ou du désaveu.

Or, la maîtrise du débat public par de grandes forces sociales a des conséquences importantes sur la définition même de ce qui y paraîtra comme opinion. Nombre de philosophes sociaux, de sociologues, de politologues ont décrit cette évolution de l'organisation de l'espace public et de la place grandissante qu'y ont pris certains acteurs. Ainsi est mise en évidence l'inégalité de situation croissante entre les individus interrogés et les détenteurs du pouvoir de questionner et surtout de commenter les réponses : appareils politiques, institutions centralisées (publiques et, de plus en plus, privées), médias. La grande différence de statut entre sondés-individus et sondeurs-institutions a des effets importants sur le contenu même de la notion d'opinion publique telle qu'elle tend à circuler dans le sens commun.

Comme le rappelait déjà Alfred Sauvy [3], la publicité, c'est, à l'origine, l'action de rendre publics certains faits. Or, c'est justement ce souci d'informer sur le fait, puis de créer l'événement avec l'information et donc de donner une forme particulière au fait, qui conduit à des constructions artificielles de l'opinion. L'opinion devient cette chose supposée permanente et universelle qui est constamment sollicitée, pressentie, dramatisée, et du même coup prenant la place de tout autre ensemble de réactions possibles.

Dans ce travail d'autoproclamation d'un vis-à-vis public imaginaire, les médias occupent une position stratégique, résultat d'une combinaison de motivations propres et de pressions en provenance d'autres institutions ou corps professionnels, comme les partis politiques, les grandes administrations, les publicistes, les entreprises, etc. En politique, les médias deviennent les relais (ou les substituts) de l'affichage, du meeting, de la manifestation ou de la distribution de tracts, outils classiques du militantisme.

Poussés (et en même temps cherchant) à devenir les supports principaux du débat social et politique, les médias recherchent les moyens efficaces de sa dramaturgie. Le sondage d'opinion est l'auxiliaire indispensable de cette invention narcissique d'autrui, et il est « de plus en plus systématiquement repris sur les ondes de la radio et de la télévision » (colloque AFSP, janvier 1984) pour appuyer les propos des journalistes. Ce faisant, les médias ne se contentent pas de véhiculer l'information : « Ils constituent le pourcentage d'opinions relevé par le sondage en événement plus ou moins sensationnel ou en indicateur quotidien de type météorologique. » Ils « révèlent » l'opinion à elle-même et, comme le note Patrick Champagne [20], ils transforment presque miraculeusement une opinion statistique, distincte de celles des groupes sociaux, en un fait général et incontestable. Du même coup, l'expression de divers groupes et associations agissant dans la société se trouve rétrogradée à l'état de point de vue particulier, les médias se présentant en contrepoint comme porte-parole directs des opinions « réelles » de la population.

Dans la mesure même où les médias deviennent des relais nécessaires à la tenue des grands débats publics, dont ils maîtrisent les moyens de lancement et de relance, on s'habitue à ce qu'ils s'intercalent entre les acteurs sociaux pour « animer le débat » en des occasions et sur des thèmes dont ils jugent de l'opportunité, tout en oubliant qu'ils peuvent du même coup plonger dans le non-dit, voire dans la censure implicite, d'autres thèmes de débat fort importants.

Dans certains cas, l'événement ou le phénomène à évaluer par les sondés est produit par le questionnaire lui-même, soit par les catégories préconstruites pour identifier les personnes interrogées, soit par la focalisation qu'il opère autour d'un mot ou d'une idée, comme s'ils reflétaient une préoccupation ou une façon de voir importante *a priori* pour tout le public.

Ainsi, la préconstruction des opinions factuelles est-elle souvent établie à partir de l'obédience politique, supposée « parler d'elle-même » : par exemple, à une question portant sur la principale cause de l'insécurité croissante dans les banlieues, « 18 % des Français » répondent que c'est la « politique pas assez répressive des gouvernements précédents » et 75 % que c'est le « chômage et des conditions de vie dans les banlieues ». Or, ce résultat est présenté comme s'emboîtant dans les positions politiques : les sympathisants du PCF incriminent le manque de répression à 0 %, ceux du FN à 57 % (sondage SOFRES/ TF1, 16-17 avril 1993, revue SOFRES, *L'État de l'opinion*, 1994, p. 245).

Cette pratique d'emboîtement du sens dans des catégories proposées comme socialement « évidentes » est classique. C'est ce que montrait il y a douze ans G. Spitzer à propos d'une campagne sur l'insécurité, axée sur la montée de la violence (*Enjeu*, septembre 1984). Celle-ci semblait être auto-alimentée par des sondages comme celui de *France-Soir* indiquant que « 72 % des Français constatent une montée de la violence », proportion liée à l'adhésion politique des personnes interrogées : 91 % de l'électorat du RPR faisaient cette constatation, contre 47 % seulement de l'électorat du PCF. C'est moins l'expérience vécue de faits de violence qui semble fonder ici le sentiment exprimé que le rôle joué par ce thème dans un débat politique supposé établi. La participation des sondés en tant qu'acteurs politiques à ce débat est reflétée, telle qu'elle est orchestrée par les médias et qu'elle infléchit la réalité individuelle du sentiment de violence, dans les activités quotidiennes.

Dans d'autres cas, le média préconstitue le contenu de l'opinion, en affirmant le thème de référence du débat public, par le moyen du sondage. Par exemple, quand *Le Nouvel Observateur* (n° 938, 30 octobre-4 novembre 1982) titre en page de couverture : « En quoi les Français ont-ils confiance ? », le mot « confiance » appliqué à des notions aussi différentes que « l'Église », « les maires » ou « l'avenir » devient ici en soi une proposition de débat que les interviewés ne maîtrisent pas : ils n'ont pas répondu, en effet, préalablement, à la question de savoir s'il était intéressant de passer au crible de la même « confiance » une série de problèmes aussi distincts. Ni à celle de savoir pourquoi à ce moment plutôt qu'à un autre il était important de parler des rapports des Français à leur société en termes de confiance ou de défiance généralisées.

On peut mieux se rendre compte du rôle du sondage dans la mise en scène du débat qu'il étudie si l'on pose, dans une enquête sur la mesure de la xénophobie, les questions : « Vous déplaît-il de croiser un Français dans la rue ? » (au lieu de la question habituelle portant sur un Noir) ; ou : « Accepteriez-vous avec plaisir que votre fils épouse une Allemande ? » (au lieu de « que votre fille épouse un Nord-Africain »)... On voit alors qu'en déplaçant simplement la possibilité de jugement négatif et de repérage distinctif sur des personnages habituellement peu contestés dans ce type de sondage, on crée immédiatement un petit scandale, un sentiment d'inconvenance — ou de provocation humoristique — comparable à ce que susciterait l'annonce de l'étude des « indigènes parisiens » par un « ethnologue africain ». Culture mondialiste aidant, l'effet serait sans doute moins évident aujourd'hui, douze ans après la première édition de ce livre : une évolution positive, peut-être regrettée par certains. La manière de délimiter un débat politique, et d'y poser en objets des personnes ou des faits, est, en réalité, le moment le plus décisif du débat, celui qui va entraîner ses participants sur le terrain de ceux qui en ont choisi les catégories d'expression : toute personne en fait couramment l'expérience.

Une autre forme insidieuse de présence d'un message idéologique au cœur d'un sondage (sans que les questions soient ouvertement déformées) apparaît quand on rassemble une multitude d'enquêtes sur des sujets proches et que l'on observe quel univers de problèmes en émerge préférentiellement.

C'est ce qu'ont fait, dans un travail très révélateur, deux chercheuses au Boston College [45]. Elles ont dépouillé 3 361 questions posées aux États-Unis entre 1936 et 1973 (documentation du Roper

Public Opinion Research Center). Environ 10 % de ces questions concernaient les rôles des hommes et des femmes. Il est alors apparu que les questions sur les métiers étaient posées essentiellement à propos des garçons et très rarement à propos des filles et des jeunes femmes. De même les questions ayant trait à la politique et au commandement étaient posées dans 144 cas à propos des hommes, dans 7 à propos des femmes, et dans un cas seulement à propos des deux sexes. Inversement, si l'on posait des questions sur les hommes, elles associaient ces derniers à des positions dominantes et/ou de prestige comme la politique, les affaires, l'éducation et la recherche, tandis que lorsqu'on interrogeait sur les rôles des femmes, c'était pour savoir si elles devaient boire de l'alcool, travailler comme serveuses déshabillées, ou si elles devaient demeurer vierges jusqu'au mariage... Il n'y avait (étrangement ?) aucune question de ce type sur les hommes. De plus, le contenu des questions ne semble pas s'être modifié au fil des années alors que, dans la réalité, les rôles sociaux des femmes américaines ont sensiblement changé. Les sondages ont continué, comme par inertie, à faire « comme si » les femmes ne travaillaient pas, se valorisaient surtout dans les activités ménagères, ou encore n'exerçaient que des métiers subalternes. Ils contribuaient ainsi nettement à retarder le débat social sur l'égalité professionnelle.

Ces divers exemples montrent que le sondage ne doit pas être considéré seulement comme une tentative d'étude objective sur une population, mais plutôt comme une intervention elle-même pleine d'enjeux et, en tant que telle, pleinement insérée dans les rapports sociaux.

Une image simplifiée des opinions

En raison de leurs préoccupations essentielles (élections, commercialisation), les sondeurs tendent à rendre compte de l'opinion en images simples, homogènes, bien « visibles ». Ainsi se généralise l'idée que l'opinion publique, c'est essentiellement ce que « 60 % des Français » pensent de tel personnage politique à tel moment de l'année, ou de telle marque de voiture, masquant à la fois la multiplicité des positions réelles et la diversité des préoccupations concrètes.

Un exemple d'homogénéisation du champ de l'opinion se rapporte au thème de la méfiance envers la classe politique. Le sondage que le journal *Le Monde* a commandé à la SOFRES et publié le 6 septembre 1984 fut présenté, à la une, par le sous-titre suivant :

« 82 % des personnes interrogées estiment que les hommes politiques ne disent pas la vérité. » Mais ni les titres ni l'analyse ne précisaient à quel sujet la vérité n'était pas dite, ni ce qu'est la vérité en politique : dévoiler une stratégie ? Appliquer un programme ? Reconnaître un échec ? Expliquer la situation économique réelle ?

Cette affirmation était en outre paradoxale puisqu'elle cherchait à susciter le débat en utilisant les moyens mêmes qui étaient reprochés aux politiciens : se proclamer représentatifs d'une majorité latente, matérialisée par une opinion de sondage hautement synthétisée ! Elle eut au moins le mérite de provoquer alors une discussion passionnée (notamment lors d'une émission de Michel Polac sur TF1) et de poser le problème du rapport entre les fonctions civiques de la personnalité politique et ses pratiques de séduction ou de captation de l'opinion.

Cela n'empêcha pas la pratique de se généraliser : les médias comme les forces politiques furent de plus en plus utilisateurs de ces effets de *scoop* attendus de la proclamation d'une majorité de sondage : que ce soit « les 70 % de Français favorables à l'école libre », ce qui donna lieu à une polémique sur la déontologie de la présentation des données, ou encore les « 80 % de Français » ressentant une montée de la violence (*Paris Match*/IFRES, 19 août 1983).

Appartiennent également au même schéma les additions d'« opinions publiques nationales » : tel le sondage Gallup International-*L'Express* (*Le Monde*, 24 janvier 1984) montrant que 64 % d'Américains, 66 % de Japonais, 57 % de Brésiliens, 76 % d'Allemands de l'Ouest « considèrent que la France est une simple puissance moyenne ».

Un sondage évoquant les positions d'une « grande majorité des Français », ou des « Européens » est supposé renforcer l'autorité des médias qui les suscitent et les publient. Il peut aussi servir à rehausser le prestige de la personnalité politique qui apparaît partager et promouvoir l'idée majoritaire (voir la façon dont Valéry Giscard d'Estaing conçut son livre *Deux Français sur trois*, etc.).

C'est un mécanisme identique qui a joué lors du vote au sujet des accords de Maastricht. Lorsque la presse annonce qu'un « Français sur deux » est en faveur de l'accord (référendum du 20 septembre 1992), elle occulte, comme pour un sondage, ceux qui se sont abstenus. Le titre exact serait : « Un Français sur trois… » Cela souligne au passage la relativité des majorités, qu'elles soient celles de l'opinion, ou celles du vote politique légitime.

Mais ces « majorités » sont partiellement illusoires : comme le rappelle Pierre Bourdieu, l'opinion publique présentée dans les journaux sous cette forme est un « artefact pur et simple dont la fonction est de dissimuler que l'état de l'opinion à un moment donné du temps est un système de forces, de tensions et qu'il n'est rien de plus inadéquat, pour représenter l'état de l'opinion, qu'un pourcentage » [10]. Toutefois, cet effet de simplification n'est pas propre au sondage : la tendance à la réduction de l'opinion publique à un pourcentage est déjà inscrite dans le système électoral, et les partis symbolisent leur degré de légitimité à l'aune du nombre de voix recueillies alors qu'ils savent par ailleurs combien leurs rapports sont complexes avec les forces sociales qui les soutiennent à un moment donné. Le pourcentage de sondés serait donc un nouveau repère de légitimation pour les médias et les partis, prolongeant en quelque sorte les consultations électorales. Cela n'est pas nécessairement critiquable en soi. Mais si le sondage consiste à méconnaître de plus en plus la multiplicité et la complexité des opinions réelles, il contribuera à rendre plus opaque le fonctionnement de la démocratie, à faire de l'espace public une sorte d'univers de discours artificiels, plus ou moins détaché du monde social, et pourtant s'imposant lourdement à lui.

Pour résumer, parce qu'ils ne se réfèrent généralement pas à une théorie assez fine de la formation des opinions, les sondages standardisés amplifient trois types d'effets (qu'avait bien soulignés Pierre Bourdieu [10]) :
— ils renforcent l'idée qu'il y a accord sur les questions qui méritent d'être posées, que les « pour » et les « contre » le sont dans un consensus sur le champ du débat, et que celui-ci est neutre ;
— ils laissent supposer que « toutes les opinions se valent », par exemple, entre celles des acteurs sociaux dont les idées sont mobilisées et informées et celles qui sont induites passivement par les questions, dont on subit les termes sans y avoir réfléchi avant, ou sans y voir d'enjeu crucial ;
— ils font croire que la production d'une opinion est à la portée de tous, et parlent ainsi au nom de nombre de personnes qui n'en formulent pas pour des raisons diverses, ou en formulent d'une façon non « socialement acceptée ».

Au contraire, des approches plus soucieuses des complexités de la notion d'opinion (approches quasi absentes des médias, rares dans les instituts de sondage et plus fréquentes dans les organismes à vocation de recherche) mettraient l'accent sur le fait que les personnes émettent usuellement des opinions au cours de conversations dont ils connaissent et contrôlent les objectifs, et peuvent les faire varier, les nuancer ou les retirer à la suite d'ajustements réciproques.

En revanche, le sondage, conversation simplifiée, imposée et artificiellement guidée, ne permet pas ce contrôle mutuel et ces ajustements.

Pour être honnête, il faut admettre que le sondage n'est pas seul dans ce cas : le suffrage universel (notamment dans le cas de référendums) partage bien des défauts et des insuffisances repérées ci-dessus. En ce sens, le sondage ne fait qu'accentuer — parfois jusqu'à la caricature — les difficultés de la démocratie de masse : régime de consultation des multitudes humaines qui est pourtant la moins mauvaise et la plus supportable des formules politiques dans les sociétés contemporaines.

III / De la demande du client à l'élaboration des questions

On considérera dans ce chapitre la première phase de la fabrication d'un sondage d'opinion : le passage de la demande du client à l'élaboration des questions et du questionnaire.

La construction de l'infrastructure du « produit » qu'est le sondage est chargée d'enjeux : au-delà de la supposition discutable que la notion d'opinion est claire et aisément saisissable, le sondage « marchand » soulève d'autres problèmes qui tiennent aux rapports entre le client et l'institut. Certes, utiliser des questions posées à des personnes prélevées dans une population donnée est le fait de toutes les enquêtes dites quantitatives sur échantillon, et les mêmes difficultés sont partagées par de nombreuses études par questionnaire visant à la connaissance sociologique ou économique. Mais à y regarder de plus près, on se rend compte que *l'intention* de celui qui pose une question (ou la fait poser par un organisme d'étude) *influe* sur la méthode utilisée et sur la signification des résultats qu'elle permet de produire. A toutes les étapes de la fabrication du sondage, les préférences des demandeurs peuvent s'imposer dans la formulation des questions et leur agencement, dans le choix des techniques d'échantillonnage, le mode de travail sur le terrain et l'analyse des réponses.

Le sondage à orientation scientifique (qui est parfois également commandé par l'entreprise, l'administration ou le parti…) mobilise en revanche une foule de précautions visant à rendre les chiffres aussi significatifs que possible de la complexité des situations, en désignant précisément leurs limites de validité ; au contraire, le sondage réalisé au moindre coût pour le compte de demandeurs cherchant à en exploiter surtout les ressources de suggestion infléchit sensiblement l'emploi du même outil.

La demande du client

Dans l'étude à caractère de recherche, l'organisme d'enquête a tendance à reformuler les questions qui peuvent provenir d'une demande. Par exemple, si une entreprise du secteur de l'énergie s'intéresse à la diffusion de la climatisation, l'organisme de recherche peut lui répondre :

1) qu'il y a actuellement encore trop peu d'utilisateurs pour que les réponses soient significatives statistiquement ;

2) que la question posée directement n'apporterait que peu d'informations utiles à extrapoler ;

3) qu'il s'agit plutôt de comprendre comment les ménages se comportent dans la gestion globale de leurs problèmes d'énergie domestique ;

4) qu'il faut pour cela poser des questions sur d'autres sujets, et à d'autres personnes que les utilisateurs ;

5) que, pour l'organisme de recherche en question, le problème n'est pas d'inciter implicitement ou de dissuader les consommateurs par une campagne de questions qui prendrait le sens d'une intervention publicitaire, mais d'intégrer tel objet technique dans une problématique sociologique, anthropologique ou économique qui dépasse apparemment la motivation immédiate du demandeur, etc.

L'aspect plus ou moins scientifique de l'enquête dépendra alors de la capacité de résistance ou d'autonomie de l'organisme d'étude par rapport à la demande. Or, dans nombre de sondages d'opinion réalisés par des instituts spécialisés, il n'y a que peu de prise de distance par rapport à la demande. Celle-ci (établie le plus souvent au cours d'une transaction verbale assez rapide avec le chargé d'étude, avant la signature du contrat stipulant les délais, la forme et la propriété du demandeur sur les résultats) influe dès lors directement sur le mode de fabrication du sondage ; cela dans des limites déontologiques que quelques instituts font, cependant, respecter plus que d'autres.

Le fait à établir est parfois assez simple et précis pour que la transcription directe de la demande dans la réalisation du produit ne pose pas de problèmes particuliers : par exemple, lorsqu'un groupe politique essaie d'apprécier le nombre de partisans sur lequel il pourra compter dans une campagne (pour le maintien ou l'abrogation de la peine de mort, pour l'instauration de peines incompressibles pour les délinquants sexuels, etc.), un sondage peut être immédiatement construit pour donner un chiffre assez fiable, à condition de ne pas lui faire dire plus que ce qu'il désigne : une proportion de personnes ayant répondu « oui » ou « non » à la question de savoir s'ils sont « pour » ou « contre » une mesure particulière.

Le demandeur peut être à la source de certaines exigences dans l'élaboration du questionnaire parce qu'il souhaite précisément obtenir, sur des problèmes complexes, des résultats aussi nuancés et fiables que possible. Par exemple, si une administration ou une entreprise veulent comprendre pourquoi et comment se manifeste une opposition à leur politique, elles peuvent commander une batterie de questions croisées assez sophistiquées pour en piéger les facteurs déterminants et pour tester les moyens de les contourner.

Toutefois, ces exigences peuvent être sélectives : le demandeur, parfois aveuglé par un orgueil collectif, ou préoccupé par la volonté de faire passer un programme décidé à l'avance, ne sera peut-être pas prêt à poser des questions qui remettent en cause les jugements économiques ou politiques qui fondent son identité ou sa raison sociale.

Cela ne signifie pas que les demandeurs soient *a priori* décidés à obtenir une image tronquée : mais un tel effet négatif pourra résulter d'une chaîne de petites « infractions » inconscientes (et partagées entre les différents intervenants) à l'objectif cognitif. Ayant formulé une certaine question, en des termes qui impliquent déjà une certaine dose de narcissisme (*Notre* produit est-il bien perçu ? Ai-*je* — en tant que femme politique — une bonne image ?), ils tendent à s'adresser à des organismes professionnels complaisants, qui, loin de la critiquer, vont au-devant de chaque exigence spécifique, en y répondant de manière compétitive, c'est-à-dire rapide et simple. Certes, il est de l'intérêt du sondeur de ne pas poser des questions farfelues ou inconsistantes et de conseiller son client sur les formulations les plus efficaces (ce qui est parfois réalisé en spécialisant les chargés d'étude de l'institut dans chaque type de demande et de demandeur). Mais il arrive que le sondeur ne fasse guère d'efforts pour désillusionner le demandeur sur la limite de sa question, et surtout sur la faiblesse des interprétations que l'on pourra en tirer.

Dans nombre de cas, les questions sont élaborées dans un travail de compromis entre le demandeur et le sondeur. Une entreprise qui désire tester l'image de sa politique commerciale peut faire préparer par ses propres chargés d'étude les questions à poser, auxquelles le sondeur propose des améliorations à partir de son expérience de la faisabilité d'une enquête. Ici, la demande est en même temps une intervention dans le domaine de la production du sondage, laissant au sondeur une marge de manœuvre assez faible. Dans d'autres cas, c'est le dispositif même de la publication des résultats qui impose au sondeur des règles impératives, ne lui laissant que peu de liberté. C'est le cas des baromètres d'opinion, de plus en plus commandés par les médias soucieux de s'attacher un public, en créant l'habitude de consulter un ensemble d'indicateurs de tendance, par définition répétitifs. Une question identique est reposée à intervalles réguliers à des échantillons similaires de la population. Ainsi, des journaux publient depuis des années un « baromètre » produit par le même institut : « Quelle opinion avez-vous de [...] en tant que président de la République ? » Un choix est proposé entre « bonne », « mauvaise » et « ne sait pas ». Le résultat est tout aussi régulièrement consigné par les médias, s'inscrivant aux côtés des indicateurs des mouvements en Bourse ou des prévisions météorologiques, dans un rituel bien rodé, où le commentaire consiste essentiellement à conjecturer sur la baisse ou la hausse du chiffre du lendemain.

Cette routinisation, très fonctionnelle pour les médias (économie de reportages, facilité relative du commentaire, évitement des explications de fond qui risqueraient constamment d'être mises en défaut par un changement inattendu, etc.), induit des effets dans la perception de la vie politique. Le baromètre d'opinion tend, d'une part, à assimiler celle-ci à une oscillation perpétuelle entre des limites de plancher et de plafond, sans qu'il soit désormais utile de comprendre de quels mouvements complexes entre les multiples fractions de la population résulte la modification de l'opinion statistique globale à propos de tel personnage politique. Il tend de plus à faire passer les indicateurs choisis (le jugement sur une personne, etc.) pour les plus pertinents, en refoulant à l'arrière-plan ce qui n'a pas un caractère facilement répétitif, telle l'opinion sur un programme, sur une conception de la société ou sur un événement spécifique.

Ce qui est commun aux divers types de distorsions du sondage sous la pression de la demande, c'est la faiblesse de la sanction par la confrontation avec une réalité vérifiable, telle qu'elle se manifeste dans le cas des études d'intentions électorales. Lorsqu'il s'agit d'un sondage sur les intentions de vote, on observe que les questions sont formulées avec soin par l'institut lui-même, car il s'agit d'un thème constamment balayé par la concurrence et soumis à un contrôle public plus attentif. L'institut engage alors sa compétence professionnelle sur la cohérence des résultats, à partir de normes très largement établies en dehors de la relation particulière demandeur-sondeur.

La définition des dimensions de l'opinion

C'est dans l'élaboration des questions que transparaît le plus nettement la capacité du fabricant de sondage à faire respecter ou non à son client un minimum d'exigences de rigueur.

L'enquête peut avoir simplement pour but de connaître quelle réponse sera faite à une question. Mais elle peut également inclure l'étude du sens de la réponse et donc de sa place dans la manière de penser et de s'exprimer de la personne interrogée. Certains instruments conceptuels peuvent permettre de rendre compte d'une diversité de catégories d'expressions et de mieux y situer la place de l'opinion ponctuelle.

Ainsi, on a pu tenter de saisir comment un ensemble d'opinions peut s'organiser à propos d'un objet ou d'une situation, et comment cet ensemble, dénommé attitude, varie plus ou moins en bloc : par exemple, à l'aide de plusieurs questions (comme : « Vous déplaît-il de croiser un Noir dans la rue ? », « Accepteriez-vous avec plaisir que votre fille épouse un étranger ? », etc.), on cherche à observer si des opinions se recoupent au point de constituer une conception plus générale ; en l'occurrence, le racisme. On peut cependant se demander là encore si cette série d'opinions convergentes n'appartient pas au rôle attendu du locuteur et si, en montrant que cette cohérence existe bien chez une personne, on n'a pas simplement mis en marche un rituel de présentation de soi, qui ne dit absolument rien, par ailleurs, de la propension réelle de la personne à adopter cette attitude dans d'autres circonstances, avec d'autres interlocuteurs et donc sous d'autres influences.

On retrouve le même type de problème avec des notions comme le *comportement effectif* (« Pour qui avez-vous voté aux dernières élections ? » « Êtes-vous adhérent à un syndicat ? » « Avez-vous acheté un piano ? ») ou virtuel (« Si vous disposiez d'assez d'argent pour… qu'aimeriez-vous choisir ? »). En effet, dans la plupart des situations réelles, demander à quelqu'un comment il s'est comporté, ou se comporterait si…, revient à évoquer l'engagement dans un acte qui l'implique dans ses conséquences, plus nettement qu'une simple opinion souvent ambiguë et modifiable à tout moment. C'est pourquoi nous pouvons être tentés de ne pas répondre, ou de reconstruire à travers des actes plus ou moins imaginaires un personnage que nous trouvons conforme à ce que nous voulons montrer de nous.

Le sondeur essaie également de saisir l'intention et l'aspiration qui peuvent préfigurer un comportement ou en évoquer la possibilité. Pour la première, l'extrapolation au comportement est délicate : on peut déclarer avoir l'intention d'effectuer un achat de prestige qu'on n'a pas, en réalité, les moyens de s'offrir. On peut, certes, vérifier certaines intentions (celle du vote par exemple : « Pour qui allez-vous voter ? ») par des questions d'attitudes (« Où vous situez-vous sur l'échelle gauche-droite ? », « De quel parti vous sentez-vous le plus proche ? ») ou de comportement (« Pour qui avez-vous voté lors de la dernière consultation électorale ? »). Même ainsi cernée par un ensemble de variables qui sont là pour en tester la cohérence, l'intention ne se laisse pas complètement percer à jour. En premier lieu, sans doute, parce que, tout comme l'opinion, l'intention n'existe pas toujours au moment de l'enquête et n'est pas à confondre, par ailleurs, avec sa déclaration verbale. Quant à l'aspiration (le salaire auquel on aspire, le nombre d'enfants que l'on souhaite, etc.), elle peut signifier des choses aussi différentes que l'évocation d'un état de fait réel, la formation d'une action envisageable dans d'autres conditions ou l'expression d'un programme.

L'*image* est une autre notion appliquée par les spécialistes du sondage aux expressions qu'ils suscitent. Par ce terme on entend l'impression générale (en quelque sorte résumée), favorable ou défavorable, que provoque une référence (institution, produit, entreprise, personnalité, etc.) chez la personne sondée. On tente d'appréhender l'image à l'aide de questions à choix multiples. Par exemple : « Pour vous, les PTT sont-ils synonymes de gaspillage, de sécurité, d'efficacité, de bureaucratie, etc. ? » Ou : « Pour vous, un savon devrait-il être rond, carré, pointu ? » Etc.

L'image utilisée ici réfère donc aux connotations provoquées entre un terme et une liste d'autres mots. La liste est, la plupart du temps, assez peu fournie, ce qui force la personne (explicitement ou non) à réagir en choisissant ou en hiérarchisant entre eux les quelques mots qu'on lui soumet. Les termes sélectionnés par les sondeurs indiquent généralement à l'avance les dimensions du choix qu'ils désirent obtenir. L'opinion qui est ainsi demandée sur le mode de l'association spontanée est en partie suggérée (bien que parfois des questions ouvertes soient posées pour explorer davantage ce que pense l'enquêté).

L'élaboration des questions

Les différences entre une enquête par questionnaire auprès d'un échantillon représentatif raisonné de la population, à but de recherche, et un sondage comme produit marchand peuvent aussi s'apprécier dans la formulation même des questions et dans leur combinaison [25, 26].

Le soin avec lequel le protocole d'enquête (c'est-à-dire toute la procédure de préparation du questionnaire, puis de sa soumission aux personnes par des enquêteurs entraînés) tente de contrôler les possibilités d'interprétation d'une réponse par son adéquation à une question est l'un des critères de distinction entre usages plus ou moins sérieux de l'outil sondage.

Formulation des questions et type de réponse demandée

Les questions doivent être formulées en rapport avec la nature de la réponse attendue. Si l'on vise à tester une connaissance, à cerner un fait, un comportement effectif, on aura recours à une question à choix fermé (c'est-à-dire entre « oui » et « non ») : « Avez-vous entendu parler des Éditions La Découverte ? » Oui/Non.

On peut ensuite classer les réponses positives et négatives selon les catégories auxquelles le *signalétique* du questionnaire (voir p. 51) permet de rapporter les sondés :

« S'il y avait des mouvements (grèves, manifestations) pour l'augmentation des salaires dans votre secteur, est-ce que vous y participeriez ou est-ce que vous n'y participeriez pas ? »

	Participation	*Non-participation*	*Nsp*
Ensemble des salariés	51 %	43 %	6 %
dont :			
Cadres supérieurs	38 %	52 %	10 %
Employés	53 %	41 %	6 %
Ouvriers	58 %	34 %	8 %

Source : Sondage CSA/*La Tribune*, réalisé les 16 et 17 février 1995, échantillon national représentatif de 1 003 personnes représentatives des individus de dix-huit ans et plus. *La Tribune*, 20 février 1995. Nsp : ne sait pas.

L'alternative oui/non sert également à ouvrir une demande de précision de diverses possibilités à l'intérieur d'une même question, à caractériser les contextes qui rendent la réponse univoque : « Vous-même seriez-vous prêt, en ce moment, à faire la grève ? »

	Oui	*Non*	*Non-réponse*
Pour défendre votre emploi	56 %	24 %	20 %
Pour défendre vos conditions de travail	54 %	26 %	20 %
Pour obtenir une augmentation de salaire	42 %	38 %	20 %
Pour faire aboutir une revendication politique	29 %	49 %	22 %

Source : IFRES-*Nouvel Économiste*, 28 novembre 1983.

Les questions ouvertes

Pour pallier les effets de contrainte des choix restreints, même multipliés par la batterie de questions, on peut avoir recours à des questions ouvertes.

Celles-ci permettent en principe d'évoquer l'ensemble de références spontanées qu'utilise la personne quand on lui laisse la possibilité de parler un peu plus, hors d'un cadre étroit. Par exemple, lorsqu'il pose une question assez générale du type : « Que pensez-vous de la paix ? », l'enquêteur est censé noter en clair les phrases et les mots de la réponse.

Mais ces questions ouvertes sont souvent difficiles à analyser, de par leur rupture de niveau avec les autres questions d'un sondage. Les personnes tendent à ne pas répondre, et cela en nombre plus grand que pour des questions guidées. Par ailleurs, la question ouverte n'échappe pas nécessairement à l'effet de halo produit par tout le contexte du questionnaire et le rapport *personnel* à l'enquêteur.

La composition du questionnaire

Une batterie de questions fonctionne sur le principe de *recoupement* des informations recueillies par chacune d'elles. Elle permet donc de pondérer le poids d'une opinion et d'en situer les conditions de validité. Elle représente en ce sens un effort vers une connaissance plus rigoureuse, contrastant avec une question unique que l'on peut brandir trop facilement pour produire une vérité massive. Mais elle peut également être un artefact donnant l'impression de choix multiples qui sont en fait étroitement codifiés d'avance, et cela pour empêcher précisément les échappatoires. Il est assez facile par exemple d'interpréter la précédente batterie comme une opposition entre les majorités prêtes à faire grève pour les revendications économiques (emploi, travail, salaire) et la minorité de grévistes politiques, alors que l'univers de signification constitué par la batterie aurait pu être différent si l'on avait substitué à « revendication politique » la formule « vos droits d'expression », ou d'autres encore, ne marquant pas un contraste implicite aussi marqué avec les questions précédentes.

L'art du sondage d'opinion repose pour beaucoup sur l'habileté à composer un ensemble de questions qui seront souvent lues par um enquêteur à une personne, de telle façon que celle-ci y réponde le plus vite et le plus complètement possible. Dans l'idéal, il s'agit d'éviter les réactions de lassitude ou de rejet de la part du sondé. Pour cela, on utilise des stratégies éprouvées. Par exemple, pour garantir une certaine spontanéité, mais aussi pour laisser s'installer un climat de familiarité, on ne fait pas apparaître le thème central de l'enquête dans les toutes premières questions. On cherche à faire le tour d'un sujet sans dépasser quinze minutes, délai au-delà duquel on sait que la personne tend à se fatiguer. Les enquêtes à visée scientifique sont généralement beaucoup plus longues (jusqu'à 1 h 40). Elles exigent des enquêteurs chevronnés et bien payés, capables d'expliquer le but et l'intérêt de l'enquête aux personnes de l'échantillon afin d'obtenir d'elles le temps et l'attention nécessaires.

Plusieurs types de questions peuvent être alternés pour reposer la personne, en évitant également ume dispersion trop grande, qui pourrait donner l'impression de parler de tout et de rien. Toutefois, la dispersion peut être volontaire afin d'obtenir des recoupements à l'insu de l'enquêté, en profitant de sa propension à oublier les questions précédentes.

La compréhension des questions

Une question n'a pas une signification claire, précise, univoque, immuable, du simple fait d'être grammaticalement correcte. En fait, trois types d'obstacles à la compréhension d'une même question se recouvrent fréquemment :

1) la même formulation peut avoir des sens différents selon les personnes ou les groupes de sondés ;

2) elle peut voir son sens évoluer selon le contexte ;

3) une formulation supposée très proche, ou même synonyme en apparence, peut être entendue dans des acceptions complètement différentes.

Il s'agit donc de choisir : va-t-on jouer de cette « labilité » sémantique ou, au contraire, mieux en limiter les effets, dans une intention de compréhension ? Dans cette seconde optique, la préenquête est un instrument utile : elle consiste à réaliser des entretiens en profondeur (une à trois dizaines) sur le thème du sondage, et à observer en quels termes les problèmes se posent pour les personnes des milieux que l'on va interroger, à mieux saisir quel est leur langage, quels sont leurs centres d'intérêt, leurs préjugés, etc. Elle permet de construire les esquisses de questions que l'on soumet à quelques personnes pour en tester la pertinence.

Systématique dans une enquête à visée scientifique, la préenquête est rarement réalisée par les instituts de sondage en raison du surcoût (l'entretien passé, décrypté et analysé est facturé environ 5 000 francs) et du temps court imposé par une clientèle généralement pressée.

De telles méthodes ont pourtant pu révéler de nombreux exemples de distorsions quant au sens attribué aux mêmes mots par des personnes socialement différentes. En voici un exemple élémentaire. Lorsqu'on demande : « Prenez-vous souvent des vacances ? », le mot « souvent » peut représenter une fois par an, une fois par semaine, etc. Il est alors nécessaire de recouper cette question par d'autres pour bien cerner ce qu'elle implique pour les personnes concernées (durée réelle, espacement, points de chute correspondant aux types de vacances, etc.).

Autre exemple moins évident : on s'est aperçu que les personnes disposant de revenus élevés mettaient assez fréquemment sous le mot « insécurité » l'idée d'une menace de vol ou de dégradation pour des biens, tandis que les personnes aux revenus modestes sous-entendaient plutôt, notamment dans des contextes de fort chômage, la crainte de perdre leur travail. On voit donc à quel point une question très générale sur la montée de l'insécurité peut donner lieu à des interprétations abusives si l'on ne rappelle pas au lecteur comment elle est comprise selon les milieux sociaux. Il a pu être également démontré [25], dans des études auprès de travailleurs de l'industrie, que la moitié des personnes interrogées confondait « production » et « productivité », qu'un tiers ignorait le sens de « prestations sociales », et qu'un sixième mettait sous le terme d'équipements collectifs les douches ou les cantines de l'usine. Une fois qu'il reconnaît de tels quiproquos, le concepteur de l'enquête peut tenter de les pallier par l'usage de termes plus précis et plus simples : mais il faut encore qu'il vérifie l'effet attendu sur un groupe témoin, avant de lancer le sondage proprement dit.

Le sens d'une question peut également être différent selon la conjoncture dans laquelle elle est posée. Il n'est pas innocent d'évoquer un thème dans un sondage, lorsqu'il existe un climat de crise ou d'agitation ayant un rapport direct avec lui, car la coloration qu'il prend alors peut orienter la personne vers tel ou tel aspect du débat plutôt que vers tel autre. Par exemple, le nombre de partisans de la peine de mort oscille selon le moment choisi pour effectuer un sondage sur ce sujet : si une série de crimes horribles est décrite par les médias peu de temps auparavant, en l'accompagnant de commentaires sur la peine de mort, on constate que le pourcentage de ses partisans s'élève. Si le débat public porte plutôt sur un autre aspect (par exemple, sur l'attente des condamnés à mort ou sur le caractère particulier des crimes à l'affiche — affaire « passionnelle » —, etc.), le résultat du même sondage est plus faible. Le sens de la question est donc bien fonction de l'intensité et de la nature du débat.

Dans le cas de baromètres, il se manifeste des tendances durables qui peuvent faire illusion sur l'évolution d'une opinion : la baisse régulière de la popularité d'un président de la République, ou bien le recul progressif des réponses positives à propos de « la famille comme seul endroit où l'on se sente bien et détendu » (« Le système d'enquêtes sur les conditions de vie et les aspirations des Français, 1978-1982 », *Rapport préliminaire*, phase V, 1983, CREDOC). En réalité, pour appréhender un phénomène consistant, il faut poser des sous-questions plus précises pour savoir ce qui entraîne la variation apparente. Est-ce par exemple (dans le baromètre de popularité) l'apparence de la personne du président ? telle action qu'il a conduite ? son programme ? sa volonté supposée de se représenter aux élections suivantes ? un changement d'appréciation de son rôle institutionnel ? Dans la question sur la famille : est-ce qu'on se réfère au logement familial ? à la famille représentée par les parents ? à la situation conjugale ? aux rapports avec les enfants ?, etc. On peut d'ailleurs se demander si le sens de n'importe quelle question (même la plus apparemment anodine) ne dérive pas dans le temps, simplement parce que les termes utilisés vieillissent dans l'ensemble des repères symboliques de la personne interrogée. On peut certes essayer de repérer ces hypothèses alternatives par des sous-questions ou des sondages complémentaires (ce que fait le CREDOC). Mais alors on recourt à une démarche plus approfondie qui exige des échantillons plus vastes, et des méthodes de regroupement des données et des processus de réflexion sur les résultats, qui ne sont généralement pas utilisés dans les variantes les plus commercialisées du sondage d'opinion.

L'induction et le jeu sur l'ambiguïté des réponses : des manipulations classiques, souvent non intentionnelles

La difficulté d'interprétation peut provenir, comme nous l'avons vu, d'une incompréhension de la question ou de la réponse. Mais elle peut aussi être induite par une manipulation plus ou moins intentionnelle de l'ambiguïté des termes employés.

Une question ambiguë comporte plusieurs significations possibles pour la proposition qu'elle présente, soit qu'un terme comporte plusieurs acceptions, soit qu'il y ait plusieurs questions en une. Dans le cas suivant, il y a un jeu (probablement peu innocent) sur le sens du mot « croire » compris ou transformé dans le commentaire en « penser » ou même « vouloir ». Dans la question : « En cas d'alternance du pouvoir, *croyez-vous* qu'il faudra dénationaliser ? » (IFRES-groupe UDF de l'Assemblée nationale, 25 octobre-2 novembre 1983), on peut croire (penser) que la dénationalisation sera inévitable, parce que ce sera cohérent avec une politique de droite. On peut aussi croire (vouloir) que l'opposition devenue majoritaire se doive de dénationaliser, ou même qu'une fois les conditions réunies (l'alternance) on pourra enfin faire ce qu'il faut : dénationaliser. On ne sait donc pas si on répond à la question : « Y aura-t-il dénationalisation ? » ou « Êtes-vous d'accord avec la nécessité de dénationaliser ? » Il est clair qu'un tel sondage peut être utilisé pour suggérer qu'une majorité de Français est favorable à la dénationalisation.

Une question est dite inductrice quand elle conduit la personne à répondre plutôt d'une certaine manière que d'une autre. Le mécanisme peut en être très simple. Par exemple, lorsqu'on demande : « Êtes-vous d'accord... », on pousse la personne vers une réponse plutôt positive, car nombre de personnes n'aiment pas afficher un désaccord. C'est l'une des raisons qui légitiment le recours à des échelles allant de plus au moins d'accord, avec le risque d'une dérive des réponses, cette fois vers le milieu. L'induction peut également découler de la position d'une question par rapport à d'autres ou après un commentaire qui la présente : ce qu'on appelle l'effet de halo. Par exemple, lorsque l'on demande d'abord à quelqu'un si « la venue de la gauche au pouvoir a eu des effets économiques catastrophiques », et ensuite : « Voterez-vous pour la gauche aux prochaines élections ? », la réponse à la seconde question sera influencée par la première. En général, la production délibérée d'effets d'induction s'opère en associant dans la question elle-même une appréciation négative ou positive à la description de l'objet sur lequel on demande par ailleurs un jugement à la personne interrogée. Ainsi le cas suivant : « Je me sens de plus en plus éloigné des grands syndicats qui s'intéressent plus à la politique nationale qu'aux problèmes des travailleurs des entreprises » (Enquête 3sc de la COFREMCA, 1985). Tout à fait d'accord : 49 % (en 1977), 60 % (en 1983).

Dans cet exemple, les qualificatifs négatifs attribués aux syndicats (« s'intéressant plus à » [...] « qu'aux problèmes de » [...]) donnent d'avance des arguments pour justifier le sentiment d'éloignement. L'enquêté n'est pas invité à donner directement son propre sentiment sur les syndicats, mais à réagir à une image déjà colorée (dans des termes péjoratifs) : on peut ainsi prétendre donner à la réponse le poids d'un jugement sur les syndicats, alors qu'on ne sait pas vraiment dans quelle mesure la personne résiste ou non à l'influence du stéréotype proposé. Une autre formulation, plus respectueuse de la diversité des attitudes possibles, aurait consisté à séparer, puis à croiser les réponses à plusieurs questions sur des aspects distincts de l'activité des syndicats : *1)* des questions portant sur l'adhésion (actuelle, passée) à un syndicat ; *2)* des questions échelonnant les sentiments de proximité/éloignement à l'égard de tel syndicat et des syndicats en général ; *3)* des questions portant sur les orientations attribuées par les personnes aux syndicats (par exemple, concernant les rapports à la politique, aux questions politiques générales), ainsi que sur leur opinion concernant chacune des centrales en particulier.

Il existe de nombreuses façons d'avantager d'avance un terme du choix par rapport à l'autre. Ainsi, élus majoritairement à l'Assemblée nationale du Québec en 1994, les partisans de l'indépendance ont conçu une question référendaire que les opposants ont pu interpréter comme poussant à l'acquiescement. La question n'est pas inductrice en elle-même, mais par la référence à la procédure qui prévoit de faire précéder l'application d'une réponse positive par un vote de l'Assemblée nationale déclarant la souveraineté du Québec. Le référendum aurait demandé ensuite aux citoyens : « Êtes-vous en faveur de la loi adoptée par l'Assemblée nationale déclarant la souveraineté du Québec ? Oui ou non » (Gilles Normand, « Une question “optimale” selon les sondeurs », *La Presse*, 7 décembre 1994). L'habileté de la question est de la proposer comme confortant une décision déjà prise par des instances représentatives. On présupposera également qu'elle recueillera plus d'adhésion lors des sondages précédant le vote réel, ces derniers étant un élément central du débat. La question sera mise en cause par les anti-indépendantistes, comme non constitutionnelle, puis modifiée.

Pour les élections européennes de juin 1994, un sondage IPSOS a mesuré les intentions de vote concernant la liste *L'Europe commence à Sarajevo*, dont l'objectif était d'afficher le souci de défendre la Bosnie. La question s'énonçait ainsi : « Et si, en plus des douze listes dont nous venons de parler, une liste conduite par

Léon Schwartzenberg et intitulée “Sarajevo” se présentait aux élections européennes du dimanche 12 juin 1994, pour laquelle de ces treize listes […] y aurait-il plus de chances que vous votiez ? » Comme le note Éric Dupin : « Le moins que l'on puisse dire est que l'attention du sondé est attirée d'un certain côté » (*Libération*, 28 et 29 mai 1994). Du fait de cette induction lourde, le résultat du sondage attribue à la liste en question 12 % des suffrages (sondage réalisé par IPSOS du 19 au 24 mai auprès de 1 000 personnes et publié dans *Le Point*, *Le Monde*, 28 mai 1994, Agathe Logeart), alors que le score réel ne sera que de moins de 2 %. Au prix de l'illusion statistique, l'un des buts des organisateurs de la liste « Sarajevo » aura néanmoins été atteint : se montrer à la télévision pendant la campagne. Observons qu'une procédure de choix plus normalisée (toutes les listes sont présentées ensemble) obtient des résultats plus proches de la réalité : l'enquête CSA donne la liste à 7 % (sondage CSA effectué pour *Le Point*, France 3 et France-Inter et publié le 27 mai), BVA/*Paris-Match* à 5 % (sondage réalisé les 27 et 28 mai auprès de 1 259 personnes).

Il existe une forme plus subtile d'induction cachée, dans laquelle, sans déformer la proposition que l'on souhaite faire rejeter, on l'estompe au contraire, en misant sur le défaut de vigilance du questionné à propos d'une possibilité absente de son choix. Évacuée par la préoccupation sous-entendue par la question posée, elle ne peut « faire valoir ses droits », d'autant plus que le commanditaire cherchera à isoler la variante qui l'avantage.

Par exemple, si, à propos du problème de l'énergie, on fait choisir les personnes interrogées entre le solaire, le charbon, le nucléaire, le pétrole, etc., on obtiendra des répartitions différentes selon que le choix est proposé comme un *pronostic* (« Quelle est la source d'énergie qui sera la plus importante ? »), comme un *souhait* (« Quel type d'énergie souhaitez-vous voir se développer dans l'avenir ? ») ou comme une *position*, impliquant une *attitude* (« Êtes-vous pour ou contre le développement des centrales nucléaires ? »). Le souhait correspondra plutôt au choix de l'énergie solaire (72 % dans l'enquête SOFRES-*Nouvel Observateur* réalisée en 1980, pour le Comité d'action solaire), tandis que le pronostic et l'attitude favoriseront l'énergie nucléaire (51 % dans le pronostic demandé par l'IFOP-ETMAR, pour la chambre syndicale des pétroliers, en octobre 1980, 52 % dans l'attitude testée par le sondage SOFRES réalisé pour EDF en juin 1980).

Ce qui est problématique ici n'est pas la question, mais la tentative du demandeur de suggérer qu'une réponse de type *constatation* équivaut à une réponse de type *souhait*. Or, en général, chaque demandeur intéressé à la promotion d'un aspect de la réalité ne choisit que la variante permettant de présenter sa position sous le jour le plus favorable, laissant le soin à ses adversaires d'en valoriser d'autres. La différence entre les résultats des sondages donne l'impression d'une bataille de chiffres, là où il n'y a que la mise en contradiction artificielle d'opinions éventuellement complémentaires.

Le signalétique et la base d'interprétation des questions

Toutes les questions concernant la situation sociale de la personne (sexe, âge, profession, nombre d'enfants, salaire, type d'habitat, etc.) et qui constituent ce que l'on nomme généralement *le signalétique*, sont traditionnellement regroupées en bloc au début ou à la fin du questionnaire. Certains chercheurs considèrent qu'il est préférable qu'elles soient distillées pour ne pas donner l'impression d'un fichage policier ou d'une enquête fiscale.

Le signalétique sert à rapporter les opinions des personnes à leurs caractéristiques sociales. Sa composition change avec le thème de l'enquête : si on étudie la mobilité sociale des individus et leur opinion à ce sujet, il est évidemment nécessaire de leur demander la profession de leur père et mère, le nombre de frères et sœurs et peut-être la profession et le lieu de vie des quatre grands-parents, puisqu'il s'agit surtout d'observer comment les interviewés se situent dans leur trajectoire professionnelle et sociale par rapport à leur ascendance, à leurs collatéraux et à leur descendance.

Le signalétique constitue la base d'interprétation des questions. Ses caractéristiques seront tenues pour explicatives des positions prises par les personnes. Son contenu, apparemment anodin, est donc déterminant : le choix des caractéristiques (postulées comme révélatrices des attitudes ou des opinions) est, en réalité, un des moments où la démarche de connaissance se distingue le plus nettement d'autres objectifs dans l'élaboration du questionnaire.

La pauvreté de conception du signalétique se traduit par un type d'erreur classique consistant à expliquer une opinion par une caractéristique, sans voir que la relation n'est qu'indirecte. Par exemple, le résultat qui montre que « les personnes âgées n'aiment pas l'agitation des villes » peut occulter le fait que, parmi les anciennes générations, la proportion de personnes d'origine rurale est beaucoup plus grande que parmi les jeunes. Ce ne serait donc pas la caractéristique « âge » qui expliquerait la réticence à l'égard de la ville, mais l'origine rurale. Or, ce genre d'erreurs est le lot commun de nombre de sondages d'opinion tels qu'ils sont portés sur la place publique.

Pour mieux maîtriser les effets de la situation quelque peu insolite du sondage sur l'opinion des personnes interrogées, il peut être demandé à l'enquêteur de signaler, en marge du questionnaire, un certain nombre de facteurs d'ambiance de l'entretien et de faire place à ses propres impressions. Cette demande lui est rarement faite, la rapidité étant l'objectif dominant des sondeurs, tout particulièrement pour de nombreux sondages par téléphone, réalisés à une vitesse record, et aussi pour des sondages omnibus. Un sondage dit *omnibus* regroupe dans un même questionnaire plusieurs « trains » de questions correspondant chacune à la demande d'un client du sondeur différent : la personne questionnée se voit demander dans la foulée l'opinion qu'elle a du Premier ministre, si elle a entendu parler des couches-culottes « x », si le jaune lui paraît une bonne couleur pour les affiches de cinéma, si elle préfère les raisins rouges à petit grain aux raisins blancs à grain long, si elle est pour ou contre la « location d'utérus », etc.

La personne interrogée cherchant une logique d'ensemble à la conversation est souvent déroutée, parfois frustrée. Il y a un risque de voir les réponses aux questions finales du questionnaire purement et simplement bâclées. Mais c'est un risque facilement pris en raison de l'abaissement considérable du coût unitaire de la question pour le client dans le sondage omnibus.

Dans les enquêtes répétitives (baromètres, *panels*, grandes enquêtes), le questionnaire comporte un tronc commun de questions qui demeure d'une année sur l'autre afin de servir de base à une série statistique homogène. La formulation doit en être particulièrement soignée pour éviter de se périmer trop rapidement. A condition de tester de période en période la stabilité ou le changement du sens des questions, ce type de questionnaire peut être une importante source de réflexion (indication de tendance à long terme). Rares sont les cas, cependant, où cette richesse est systématiquement exploitée.

Plus le questionnaire est dense (en restant toutefois dans les limites évidentes de longueur), plus il permet la multiplication des angles d'approche d'un même problème, et la saisie plus fine de la pensée des personnes interrogées.

Cependant, la multiplication des questionnaires « pot-pourri » de type *omnibus* contribue à faire baisser la qualité des sondages. Le mode marchand de leur fabrication est ici directement en cause.

IV / De l'échantillonnage à la remise du produit

L'élaboration du questionnaire n'est pas le seul moment où la demande du client et le mode marchand de production des sondages d'opinion peuvent s'éloigner des exigences scientifiques. L'échantillonnage, l'enquête sur le terrain, la vérification des questionnaires, le traitement statistique et les modalités de remise du produit sont également concernés.

L'échantillonnage

Nous ne procéderons pas ici à une présentation de la théorie statistique : le lecteur intéressé pourra se reporter à l'abondante littérature existante à ce sujet (cf. bibliographie). Seuls seront évoqués les principes utiles pour apprécier les pratiques des instituts de sondage et les commentaires des résultats.

La théorie mathématique des probabilités suppose que, pour connaître les événements qui peuvent survenir dans une population donnée (d'objets, de personnes, etc.), il est possible de n'étudier ou de n'interroger qu'une petite partie de celle-ci, à condition de respecter des règles rigoureuses de sélection de cette fraction de population, seules garanties de sa représentativité.

Il existe pour cela deux méthodes : la méthode aléatoire (ou probabiliste), et la méthode dite des « quotas ».

La méthode aléatoire consiste à « tirer » au sort les personnes à interroger dans des conditions très proches du hasard (à probabilités égales), afin de n'introduire aucun biais (surévaluation ou sous-évaluation de telle catégorie de personnes). Il faut donc posséder un fichier (base de sondage) comprenant tous les individus de la population que l'on veut étudier, par exemple, les plus de dix-huit ans, ou bien les « chefs de ménage », ou bien encore les ouvriers. Ainsi, l'INSEE possède, grâce au recensement de la population qu'il effectue périodiquement, un fichier de l'ensemble des résidents en France qui permet, à condition de mélanger au hasard préalablement les noms qu'il contient, de sélectionner un échantillon représentatif en tirant un nom tous les x noms. Il a cependant l'inconvénient de ne pas être tenu à jour entre deux recensements et de devoir, pour être utilisé, être complété par d'autres fichiers. Il existe des fichiers quasi exhaustifs, non pas des individus mais des ménages, comme par exemple celui des abonnés d'EDF-GDF ou, plus imparfaitement, celui des abonnés du téléphone. Mais dans la plupart des cas, ces bases ne sont pas accessibles pour des raisons légales ou des questions de coûts. De plus, malgré leur taux de couverture important de la population (93 % des ménages disposent du téléphone en 1995), elles peuvent introduire des biais non souhaités : par exemple, si l'on veut précisément comparer des opinions dans les populations moyennement ou sous-équipées.

Lorsqu'il est impossible, pour ces diverses raisons, de construire un échantillon aléatoire, on procède par la méthode des quotas. Celle-ci consiste à établir une liste de personnes, en nombre suffisant, se répartissant selon les mêmes caractéristiques et les mêmes proportions que l'ensemble de la population à étudier. Cet échantillon n'est tenu pour représentatif, c'est-à-dire fidèle à l'original, que si, par exemple, dans le cas d'un sondage national, il comprend les mêmes pourcentages d'hommes, de femmes, d'ouvrières de la chaussure et de cadres du secteur public, de moins de vingt ans et de plus de soixante ans, d'habitants des petites, moyennes et grandes villes, etc., que la population totale résidant en France en comporte réellement.

Selon la précision à laquelle on veut parvenir dans l'étude, on peut affiner et accroître le nombre de caractéristiques retenues. Mais il existe certaines limites au-delà desquelles soit l'échantillon devient trop important, soit les catégories détaillées ne reçoivent plus que quelques rares individus, ce qui rend le traitement statistique non significatif. Lorsque la population à étudier est plus restreinte (les médecins de médecine libérale, les femmes ingénieurs dans le secteur nucléaire, etc.), on devra également respecter dans l'échantillon la même répartition entre les âges, les niveaux de revenu, les lieux de résidence, etc., que dans la population considérée.

La méthode des quotas implique une détermination soignée des caractéristiques qui doivent être prises en compte pour assurer la représentativité de l'échantillon, c'est-à-dire celles qui opèrent les différenciations les plus nettes dans la population observée. Mais, dans la recherche sociologique, ces caractéristiques, leur nombre, leur importance, ainsi que la nature des indicateurs permettant de les saisir, sont loin de faire l'unanimité. Le processus de recherche permet cependant de les remettre en question, de les tester, de les améliorer.

Dans les pratiques les plus commerciales du sondage, le travail sur les catégories est plus sommaire. L'échantillon est souvent construit à l'aide de définitions relativement peu dégrossies et parfois actualisées avec retard. Or, si le mode d'échantillonnage est faux, même un échantillon de 100 000 personnes ne garantit pas des résultats fiables (comme on a pu le voir pour les « votes de paille »). Inversement, correctement construit, un échantillon de 1 000 personnes suffit pour être représentatif.

En principe, la taille de l'échantillon est (au-delà d'un nombre fonction de la précision souhaitée) indépendante de la taille de la population que l'on veut étudier. Il faut interroger autant de personnes pour connaître l'opinion des habitants de Carpentras que celle des Parisiens, des Français ou des Chinois [25].

La taille de l'échantillon est, en revanche, fonction de la *marge d'erreur* acceptable, tant sur les résultats généraux que sur ceux concernant telle ou telle sous-catégorie de l'échantillon. Qu'est-ce que la marge d'erreur ? On peut dire, de façon grossière, qu'elle résulte indirectement de la différence inéluctable qu'on obtient entre plusieurs tirages statistiques sur un échantillon de même taille et de même structure. Par exemple, lorsque deux instituts de sondage posent la même question à 1 000 personnes d'un échantillon construit de la même manière, ils vont *toujours obtenir des résultats légèrement différents* (cela non pas à cause des particularités des individus, mais pour de pures raisons de hasard). En répétant les tirages, on s'apercevrait cependant que les différences se cantonnent à l'intérieur d'une fourchette, qui varie selon le nombre d'individus interrogés. La marge d'erreur est l'incertitude sur la valeur du résultat actuel par rapport aux « coups » qu'on ne réalisera pas, puisque le sondage est une photographie ponctuelle (on ne « tire » qu'une seule fois). On la calcule par des procédés complexes, formalisés en théorie statistique, et indépendamment de tout contenu spécifique du tirage, supposé parfaitement aléatoire.

La marge d'erreur est d'autant plus grande que l'échantillon est faible, mais elle n'est pas d'autant plus petite qu'il s'accroît : ainsi, en deçà de 1 000 personnes, la marge d'erreur devient trop grande, tandis qu'au-delà la précision *additionnelle* est faible. Des tables ont été élaborées pour connaître immédiatement la marge d'erreur

probable. Elle varie en fonction de la taille de l'échantillon et de la répartition des réponses selon les modalités proposées (pourcentage de « oui » par rapport aux « non », par exemple). Dans le cas le plus défavorable (répartition 50/50 des réponses), le résultat se situe (avec une probabilité de 95 %) dans une fourchette de :
— plus ou moins 10 % pour 100 personnes interrogées ;
— plus ou moins 5 % pour 400 personnes interrogées ;
— plus ou moins 3 % pour 1000 personnes interrogées ;
— plus ou moins 2,5 % pour 1600 personnes interrogées ;
— plus ou moins 1 % pour 10 000 personnes interrogées, etc.

Il faut quadrupler l'effectif à interroger pour diviser la marge d'erreur par deux et le centupler pour la diviser par dix. Avec les échantillons par *quotas*, elle ne peut être en revanche déterminée avec précision (ce qui explique que cette méthode fasse l'objet de controverses sur sa validité statistique). On considère en général qu'elle est du même ordre que celle d'un échantillon aléatoire, pour autant que les conditions du choix de l'échantillon par quotas le rapproche d'un échantillon choisi par tirage à probabilités égales.

La connaissance de la marge d'erreur est essentielle pour interpréter certains résultats, notamment lorsque l'on étudie l'évolution de l'opinion entre deux sondages. Dans le cas d'échantillons de 1 000 personnes et de réponses proches de 50 %, une variation de 1 à 2 points dans un sens ou dans un autre (de 49 % à 51 % par exemple) peut ne pas avoir de signification, les marges d'erreur de ces deux pourcentages se recouvrant largement. On comprend l'importance de cette remarque, dans le cas d'intentions de vote notamment.

Des échantillons supérieurs à 1 000 personnes sont nécessaires lorsque l'on veut procéder à des analyses portant sur des sous-populations (cadres, ouvriers...) de la population considérée, chacune de ces sous-populations courant le risque d'être représentée par des nombres trop petits pour être interprétables statistiquement (moins de 60 individus d'une même catégorie, par exemple). Des techniques ont été mises au point pour constituer l'échantillon représentatif d'un groupe minoritaire dans la population difficile à cerner. On a pu ainsi fusionner dix enquêtes SOFRES formant un fichier anonyme de 10 000 individus, parmi lesquels il a été possible de tirer 300 personnes ayant manifesté leur préférence pour le Front national ou le PFN, et d'en étudier l'origine politique, l'âge, la classe sociale...

Pour diverses raisons (notamment parce qu'il n'a pas été possible de trouver un nombre suffisant de personnes d'une catégorie donnée), on peut recourir à la méthode du redressement. Celle-ci consiste à corriger l'effectif réellement interrogé pour s'approcher de l'effectif théorique. Par exemple, si l'on a interrogé un nombre d'ouvriers inférieur à celui prévu dans l'échantillon idéal (représentatif de la population française), il est licite d'affecter la moyenne des opinions déjà obtenues dans cette catégorie à un supplément d'ouvriers fictifs. Ce qui permet d'avoir une meilleure approximation, à condition de vérifier si, par cette opération, on ne modifie pas les autres équilibres de l'échantillon (proportion d'hommes et de femmes, de classes d'âge, etc.). Le recours à l'informatique facilite la tâche des chargés d'étude, en permettant de réaliser à grande vitesse ces calculs par des procédés itératifs déjà codifiés. Le redressement ne peut dépasser la limite au-delà de laquelle l'échantillon serait nécessairement déséquilibré. Il est, par exemple, tout à fait illicite de questionner 500 personnes et de multiplier les résultats par deux pour présenter un échantillon de 1 000 personnes (comme cela a pourtant été fait, donnant lieu à quelques « affaires » retentissantes !). Cela dit, le redressement est un moyen indispensable. Les sondages portant sur la prévision des votes, qui sont depuis quelques années parmi les plus fiables, sont élaborés à partir d'échantillons systématiquement retravaillés et redressés sous plusieurs rapports. On sait, par exemple, que les électeurs communistes ont tendance à moins « avouer » leur préférence partisane dans un sondage : il est donc nécessaire de majorer légèrement le résultat obtenu (vote communiste) et de minorer celui des autres, à l'aide de calculs assez complexes. Si le résultat du sondage tend à survaloriser l'intention de vote d'autres catégories, on « corrige » en sens inverse le chiffre obtenu, également en fonction de la connaissance acquise des rapports entre sondages et votes réels. Ces techniques de réévaluation requièrent une bonne part d'« intuition », mais n'en reposent pas moins également sur des procédés objectifs contrôlables : « Un bon sondage est un sondage bien corrigé » (colloque AFSP, 1984).

Les effets de la difficulté à échantillonner

La difficulté d'un échantillonnage représentatif se présente à chaque fois qu'on tente de s'éloigner des conditions d'une stratification bien instituée des porteurs d'opinions. Ce qui est le cas d'une tentative de « sonder » les opinions politiques d'une foule, telle l'analyse de la composition d'une manifestation. Ainsi, le dimanche 16 janvier 1994, les partisans de l'école publique et laïque défilèrent dans les rues de Paris. L'IFOP, prenant des points de mesure à divers lieux du cortège, annonça que les manifestants étaient plutôt des hommes, d'âge moyen, une majeure partie travaillant dans le secteur public, dont 42 % d'enseignants (sondage IFOP/*Libération* portant sur 2 400 personnes ; *Libération*, 18 janvier 1994).

De telles radiographies sont rarement publiées, probablement parce qu'elles ne se fondent pas sur une base aléatoire ou représentative. Dans ce cas précis, on voit aussi le caractère partial du commentaire qui pourrait en être facilement tiré : « C'est un cortège corporatiste qui ne représente pas l'ensemble des Français. »

Plus classiquement, la difficulté concerne toute partie trop petite d'une population de référence. Par exemple, les sondages portant sur les élections primaires aux États-Unis. Les électeurs d'une primaire sont les citoyens qui se sont inscrits sur la liste démocrate ou républicaine, ce qui ne préjuge pas de leur vote lors de l'élection. George H. Gallup refusait de réaliser des sondages anticipant une élection primaire, considérant qu'ils présentent des difficultés insurmontables : la participation réelle aux primaires est très faible (de l'ordre de 10 % des inscrits dans certains États). De plus, les candidats ne bénéficient pas de la même notoriété. Tout cela concourt à l'échec répété des sondages concernant les primaires dans les élections aux États-Unis. Ainsi, Gary Hart a été présenté comme « l'homme qui a fait mentir les sondages » (*Le Monde*, 11-12 mars 1984). En effet, les instituts de sondage américains n'avaient pas du tout prévu sa victoire lors des élections primaires du 28 février 1984 dans le New Hampshire. L'importance de l'enjeu était de taille puisque, traditionnellement, les vainqueurs de l'élection du New Hampshire reçoivent l'investiture nationale de leur parti. Or les sondages accordaient au concurrent de Gary Hart, Walter Mondale, une majorité de 32 % à 38 % de voix dans cet État (*Le Monde*, 11-12 mars 1984). Le sondage rencontre ici une limite qui est le mode de constitution de la population à sonder : trop étroite, instable, hétérogène.

L'enquête sur le terrain

Une réunion de travail, appelée *briefing*, rassemble normalement les divers enquêteurs. On leur explique la composition du questionnaire et le sens des questions et de certains mots afin qu'ils puissent répercuter la même explication aux enquêtés (sans influencer leurs réponses par des commentaires personnels, par exemple). Ensuite, l'enquêteur part avec une feuille de route comprenant des quotas de femmes, de jeunes, d'étudiants, etc.

A ce niveau se présentent déjà plusieurs problèmes. L'enquêteur qui doit trouver un nombre d'ouvrières ou de femmes cadres de direction rencontre plus facilement, au cours de la journée et dans un immeuble, des concierges, des femmes au foyer, des retraitées. Par ailleurs, il a tendance à moins se déplacer pour voir des personnes habitant aux étages élevés sans ascenseur, ou pour visiter des paysans vivant dans des hameaux isolés. Nombre d'enquêtes concernent les « chefs de famille », généralement au travail au moment de la visite de l'enquêteur. Certains instituts contournent la difficulté en acceptant les réponses des femmes au foyer comme si elles ne pouvaient que refléter fidèlement l'opinion de leurs conjoints... Les personnes âgées refusent assez souvent de répondre, par peur d'une agression ou d'un vendeur trop énergique. Enfin, les enquêteurs constatent que le contact est de plus en plus difficile et l'attribuent au fait que certains agents commerciaux prétextent un sondage pour s'imposer. Par ailleurs, les enquêteurs ont tendance, pour gagner du temps, à aller dans les grands immeubles et à « descendre la cage d'escalier » : les lieux d'enquête se concentrent donc sur certains points et les habitants se fatiguent d'être sollicités trop fréquemment.

Les refus de répondre

Parfois, les refus de l'enquête peuvent atteindre des pourcentages importants : on les estimait à 7 % environ des personnes, il y a une vingtaine d'années [17] et ils ont progressé depuis. Encore ne s'agit-il ici que des refus explicites. Il faudrait également tenir compte de toutes leurs formes « déguisées » : réponses fantaisistes, réponses attribuées à une autre identité, contacts infructueux pour une raison ou une autre. Frédéric Bon suggérait que si l'on faisait la somme de toutes ces formes de non-réponses, on pourrait finalement obtenir des « majorités » parmi les personnes auprès desquelles un essai a été ou « aurait dû » être réalisé. Pour pallier cet effet, nous avons vu comment les personnes interrogées dans un sondage par *panel* (le *panel* est un groupe de personnes ou d'institutions qui sont réinterrogées plusieurs fois sur les mêmes questions, ou des questions différentes, parfois sur plusieurs années) sont « fidélisées » par de petits cadeaux. La « rémunération » de l'enquêté a d'ailleurs toute une tradition : par exemple, l'INED rémunérait, après guerre, avec deux kilogrammes de confiture et sept boîtes de thon [2] les familles acceptant de participer à une enquête d'une durée d'une semaine sur la gestion du budget familial. Les compensations ont varié avec le temps, et désormais les cadeaux consistent plutôt en trousses à outils, jouets d'enfant, plantes vertes ou encore en produits de l'entreprise qui commande le *panel*. Mais la fidélisation, nous l'avons vu, comporte d'autres inconvénients.

Dans les rapports entre l'enquêteur et l'enquêté, plusieurs facteurs sont importants. Ils ont été mesurés afin de pouvoir les contrôler dans le traitement de l'enquête, mais cela ne signifie pas qu'ils soient systématiquement pris en considération dans la plupart des sondages. Parmi les facteurs de la rencontre influant sur l'entretien, on peut citer sa localisation : au travail, dans un lieu de loisirs, ou au domicile ; et au domicile, selon qu'il a lieu dans le salon, dans la cuisine ou sur le pas de la porte ; la saison, le jour de la semaine, l'heure ont leur importance. Les caractéristiques de l'enquêteur également : son âge, son sexe, la couleur de sa peau, son origine ethnique, sa catégorie sociale, son niveau d'éducation, etc. Par exemple, dans une enquête faite aux États-Unis [13], la réponse à une question sur le problème noir obtenait un score très sensiblement différent suivant qu'elle était posée par une personne blanche ou par une personne noire.

Le problème posé par le biais de l'âge et du sexe de l'enquêteur est difficile à résoudre, car la précarité de la profession d'enquêteur implique qu'elle soit surtout exercée par des femmes d'âge moyen, ou des étudiants ou quasi-chômeurs jeunes, chacun de ces deux « types sociaux » pouvant infléchir la propension des gens à leur répondre, dans un sens d'ailleurs différent.

Certaines questions effraient, inquiètent les personnes interrogées : l'enquêteur peut alors être perçu comme un policier. Des réticences continuent, on l'a vu, à s'exprimer à l'égard de certaines questions politiques considérées comme plus personnelles.

Pour contourner la difficulté, on demande aux individus de se situer sur une échelle gauche-droite, éventuellement accompagnée de notes indiquant les différentes options ; leur réponse est moins impliquante que si elle devait mentionner directement une appartenance à un parti politique, mais le procédé a l'inconvénient de conforter l'image d'un axe politique linéaire.

D'autres systèmes existent, tel ce curieux rituel : l'enquêteur présente une urne, la personne « vote » et l'urne est ouverte derrière la porte par l'enquêteur qui porte aussitôt le résultat sur le questionnaire. Des questions peuvent également être rédigées de telle façon que l'enquêté s'imagine dans une autre situation : « Si on vous demandait à brûle-pourpoint… » « De quelle opinion vous sentez-vous le plus proche… » « Certains pensent que… » « Êtes-vous d'accord… »

Certains enquêteurs remarquent que le comportement des personnes enquêtées se modifie avec le temps, notamment lorsqu'elles ont compris l'enjeu que représentait le résultat d'un sondage pour un courant politique donné. C'est ainsi que davantage de gens oseraient aujourd'hui affirmer leur proximité au parti communiste, ou, plus récemment pour d'autres, leur sympathie pour les idées de l'extrême droite. Ces variations à l'égard de l'enquêteur, mais aussi, à travers lui, à l'égard de l'enquête, montrent que le sondage devient lui-même un enjeu de production d'opinion pour les enquêtés.

D'autres phénomènes renforcent l'impression que la situation de sondage est réinterprétée par l'enquêté comme une conversation courante, dans laquelle, par exemple, l'un des enjeux est de « ne pas perdre la face ». L'individu sondé souhaite ne pas apparaître comme ignorant devant l'enquêteur. Il peut aussi volontairement exprimer des propos fantaisistes ou tout simplement éprouver des difficultés à répondre « non ». Lorsqu'on mesure la notoriété d'hommes ou de femmes politiques, on insère parfois un nom fictif, qui récoltera immanquablement un pourcentage de partisans. Pour quantifier ce phénomène, l'équipe « aspirations » du CREDOC a posé pendant plusieurs années une question sur la connaissance de l'existence de l'« amendement Bourrier ». La question était : « Avez-vous entendu parler de l'amendement Bourrier concernant la Sécurité sociale ? »

	1978	*1979*	*1980*
Oui	4,00 %	4,04 %	6,41 %
Non	96,00 %	95,96 %	93,59 %

Bien entendu, cet amendement est imaginaire. C'est dire que, dans un sondage, toute proposition est susceptible de rencontrer un minimum d'adhésion. Mais s'il est relativement aisé de piéger cette attitude à propos de faits notoires (ou notoirement inexistants), cela devient très difficile pour toute une série d'opinions. On peut pourtant supposer qu'elle s'y manifeste également, faisant de la « ruse » à l'égard du questionnaire une réalité à la fois évidente et impondérable. C'est sur cette réalité que la plupart des sondages font l'impasse, comme si l'enquêté était un répondeur automatique, et non une personne sociale capable de stratégies.

La vérification des enquêtes et le problème de l'anonymat

Normalement, un atelier de relecture doit vérifier les questionnaires pour éviter le « bidonnage » (cas où l'enquêteur remplit lui-même ses questionnaires) et réalise des contrôles aléatoires (de l'ordre de un sur dix en général) en téléphonant ou en écrivant à la personne enquêtée pour qu'elle confirme le passage de l'enquêteur.

Ce contrôle de l'institut sur le travail de l'enquêteur ne va pas sans poser de problèmes, car légalement aussi bien que déontologiquement, la vie privée devant être protégée contre toute atteinte résultant de l'utilisation d'informations contenues dans l'enquête, il ne devrait pas être possible d'établir de lien entre le questionnaire et l'identité de la personne qui a répondu. En fait, bien des stades du traitement s'effectuent avec les questionnaires portant encore le nom de l'enquêteur et de l'enquêté : le rassemblement, l'envoi à l'institut, les comptages et recomptages, les contrôles, etc.

Il est même assez fréquent que la mention nominative portée sur le document de base survive au *codage* (retranscription des informations sur des fiches par question, ou directement en mémoire d'ordinateur), le plus souvent pour des raisons strictement pratiques (possibilités d'erreurs à retrouver, dernières incertitudes sur le traitement des questions, etc.). Des utilisations indélicates restent ainsi possibles assez longtemps, du fait du nombre de personnes ayant accès à la pile de questionnaires.

Les traitements statistiques

Le codage lui-même consiste à transcrire les réponses du questionnaire dans les catégories qui vont donner lieu au traitement informatique. C'est un travail fastidieux et apparemment simple, aux occurrences d'erreurs réduites. En réalité, il apparaît que les codeurs se trouvent assez souvent devant des choix : professions non prévues par les classements qu'ils utilisent comme référence ; réponses non catégorisées (énoncés soulignés au lieu d'être barrés, ajouts manuscrits de la part de l'enquêté ou de l'enquêteur, etc.). Plutôt que d'invalider tout questionnaire portant l'une de ces imperfections, les codeurs peuvent tenter de les normaliser avec leur propre code implicite, lequel est, bien entendu, différent d'une personne à l'autre. Dans un institut sérieux, et pour un sondage très routinisé, on a tendance à éviter nombre de ces difficultés, mais le codage des professions, par exemple, pose toujours quelques problèmes. La nouvelle organisation du travail des enquêteurs (cf. *infra*), où les résultats sont saisis pendant l'entretien sur un ordinateur portable, génère également un certain type d'erreurs.

Le traitement informatique est parfois réalisé par l'institut de sondage lui-même. Il est plus souvent sous-traité, à partir d'une liste de « tris » à effectuer, soumise par l'institut.

Le traitement des questions « fermées »

Les questions « fermées » sont les questions dont les modalités de réponse sont prévues à l'avance. On réalise d'abord les « tris à plat », c'est-à-dire qu'on calcule le pourcentage de chacune des réponses possibles à une question donnée. Par exemple : « Si, pour créer des emplois, on réduisait le temps de travail de 20 %, quelle solution serait, selon vous, préférable ? » ; 5 % souhaitent une baisse correspondante du salaire, 21 % une baisse de 10 % du salaire, et 64 % le maintien des bas salaires et la baisse des salaires plus élevés ; 10 % ne se prononcent pas (sondage CSA/*La Tribune*, cité *supra*).

Puis, on effectue les tris croisés. On croise les réponses à une question à l'une des variables du signalétique. Le tri croisé permet d'effectuer une comparaison entre l'attitude moyenne de la population étudiée et celle des sous-catégories qui la composent, distinguées par exemple selon leurs orientations politiques.

En triant les réponses au questionnaire précédent en fonction de la profession, on obtient les résultats suivants. Le CSA a attiré l'attention sur la faiblesse des effectifs de cette catégorie et invite à la prudence dans l'interprétation des résultats.

	Baisse 20 %	*Baisse 10 %*	*Baisse modulée*	*Nsp*
Patron	12 %	22 %	46 %	20 %
Cadre supérieur/ Profession libérale	7 %	35 %	50 %	8 %
Employé	5 %	21 %	70 %	4 %
Ouvrier	2 %	15 %	70 %	13 %

On peut aussi les trier en fonction de l'intention de vote aux présidentielles :

Lionel Jospin	5 %	24 %	66 %	5 %
Édouard Balladur	6 %	23 %	65 %	6 %
Jacques Chirac	8 %	28 %	55 %	9 %

On peut également faire des tris croisés entre réponses à plusieurs questions : par exemple, on croise les réponses des partisans de Jacques Chirac en faveur d'une baisse de 10 % de salaires avec la question sur les grèves (cf. *supra*, p. 43) pour savoir s'ils font partie de ceux qui sont « prêts à faire grève » pour défendre leurs droits.

Dans la mesure où l'on peut vérifier qu'il n'y a pas eu d'induction d'une question sur l'autre, la corrélation constatée donne quelques indications sur la structuration des opinions. La validité du croisement dépend, évidemment, du soin avec lequel les questions ont été préalablement formulées et posées.

Le traitement statistique subit des limitations inhérentes au mode marchand de production du sondage : le traitement est en effet en même temps une méthode de sélection et de présentation des résultats. Or, la rapidité exigée par le client, les contraintes budgétaires entourant chaque étude, l'obligation éventuelle de coller avec les attendus et les interprétations du client se conjuguent pour réduire la part du travail de réflexion sur les premiers chiffres, et celle de la recherche par « essais-erreurs », qui caractérise l'enquête scientifique, recoupant et relativisant un résultat par un autre.

Aux traitements simples « univariés » précédents se sont ajoutées les techniques d'analyse « multivariée ». Leur avantage est de réaliser l'analyse simultanée d'un ensemble de variables. Elles permettent de calculer rapidement le nombre de personnes répondant dans le même sens à une série de questions, et de dégager du même coup les questions qui différencient le plus les groupes entre eux.

L'analyse factorielle (l'une des techniques de l'analyse multivariée) permet de dégager, au-delà des résultats immédiatement déchiffrables, des structures et des relations entre les réponses, qui échappent à une première synthèse des résultats. Sous cette appellation, on regroupe l'analyse en composantes principales (ACP) et l'analyse factorielle des correspondances (AFC). Elles peuvent aboutir à des cartographies synthétiques des opinions (*maping*, ou cercle des corrélations). On voit apparaître de plus en plus fréquemment les graphes caractéristiques de ces techniques dans les revues spécialisées dans le marketing, ou même désormais dans les hebdomadaires à grand tirage.

Une utilisation significative de la méthode est celle qu'en fait l'AESOP (Association pour l'étude des structures de l'opinion publique) dont les enquêtes tentent d'observer comment se correllent des opinions sur des sujets divers. Par exemple, « avoir confiance en la justice » et croire que « Dieu existe » sont des assertions souvent proches dans un espace d'opinions diverses ; être

« pour les 35 heures », penser « qu'il faut réduire les dépenses militaires », ou estimer que « l'administration méprise les citoyens » sont des expressions dont les corrélations ont pu sembler assez stables [61]. En général, les arguments en faveur de l'énergie nucléaire se situent du côté de l'attachement à l'ordre social établi, tandis que ceux qui sont défavorables à l'énergie nucléaire se retrouvent chez les partisans du changement social.

Ces élaborations statistiques poussées ne doivent cependant pas faire oublier que les structures d'opinions qui peuvent apparaître — et durer — dépendent en partie des formules présentées dans le questionnaire, elles-mêmes produites par l'intuition du questionneur quant aux thèmes susceptibles de s'organiser en structures.

Le traitement des questions « ouvertes »

Certaines techniques permettent de saisir et d'analyser l'information complexe contenue dans les réponses aux questions dites « ouvertes », c'est-à-dire les questions auxquelles la personne interrogée répond sans qu'elle ait à choisir entre des réponses prévues à l'avance. Leur traitement informatisé a commencé à se développer, permettant de traiter rapidement un grand nombre de réponses variées à une même question, trop coûteuse à analyser manuellement.

Voici comment une telle démarche fonctionne dans une enquête d'opinion sur le mariage (André Babeau et Ludovic Lebart, *Les Conditions de vie et aspirations des Français*, avril 1984, p. 37-51). Une première question fermée demande si le mariage est « une union indissoluble ; une union qui peut être dissoute dans les cas graves ou bien une union qui peut être dissoute par un simple accord des deux parties ». Y succède cette question ouverte : « Pouvez-vous dire pourquoi ? »

On compte ensuite les mots les plus fréquemment — cf. graphique p. 66 — utilisés dans les réponses. Ainsi, sur les 187 mots les plus fréquents (utilisés au moins 12 fois), on relève « enfants » (cité 364 fois) en sixième place, « séparer » (230) en huitième, « mariage » (219) en treizième ; « bonheur » vient en 185e position et n'est cité que 12 fois. Ensuite, on visualise le choix des mots utilisés par les différentes catégories d'individus au moyen d'une analyse factorielle résumant les résultats numériques très importants (correspondant au traitement de données représentant 2 000 individus et plusieurs milliers de mots à l'aide de tableaux plus faciles à lire et qui en sont une approximation correcte).

L'analyse dégage ainsi par exemple qu'une certaine région du quadrant regroupe des personnes ayant des diplômes élevés, des mots à dominante juridique (droit, parties, dissoudre), et correspond par ailleurs aux personnes que d'autres questions permettent de typologiser comme « modernistes ». Une région différente superpose un type « traditionaliste » à des expressions comme : morale, raison, foyer, marier, engager, famille.

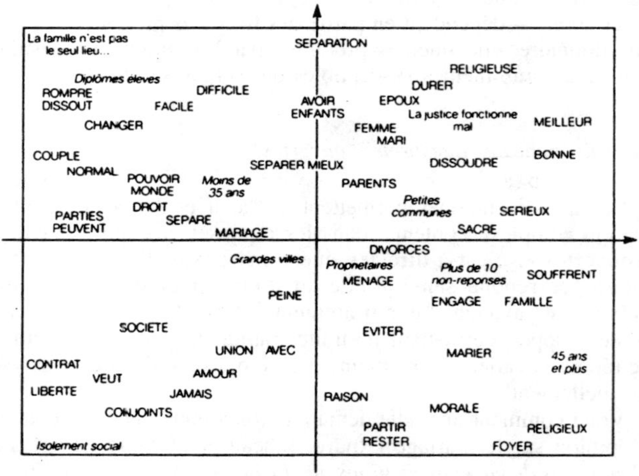

Choix parmi les mots donnés par le listage
(proximités entre formes lexicales
et caractéristiques de l'échantillon)

Cette technique (qui est disponible aux enquêtes par entretiens en profondeur comportant des milliers d'expressions lexicales différentes) ne dispense en aucun cas de mieux cerner quel est l'effet de la situation de questionnement sur l'enquêté, et par exemple des inductions produites par les questions fermées sur les réponses à la question ouverte.

Cette méthode est sans doute intéressante quand on croise les discours d'un grand nombre de personnes parmi lesquelles on repère des groupes de proximité. Elle perd beaucoup de sa valeur pour des discours officiels dont les mots sont précisément sélectionnés pour leur impact médiatique. Par exemple, le texte des discours prononcés lors des face-à-face télévisés par les candidats à la présidence — cf. graphique ci-contre — de la France (Mitterrand/Chirac en 1988, et Jospin/Chirac en 1995) a été traité par l'analyse lexicologique (Infométrie, filiale d'IPSOS, pour *InfoMatin*, et LCI, Thierry Deransart, *InfoMatin*, 4 mai 1995). Le script intégral en a été saisi sur ordinateur, et on a décompté l'ensemble des mots prononcés. Puis on a repéré les mots les plus fréquemment utilisés et, au moyen d'une analyse factorielle, on a projeté sur un espace visuel la préférence des mots utilisés par chaque candidat. Ceux qui distinguent les deux candidats de l'élection présidentielle du printemps 1995 sont : « réalité, logement, agriculture, contrat » pour Chirac et « responsabilité, femmes, choix, salaire » pour Jospin.

Les univers lexicaux des candidats

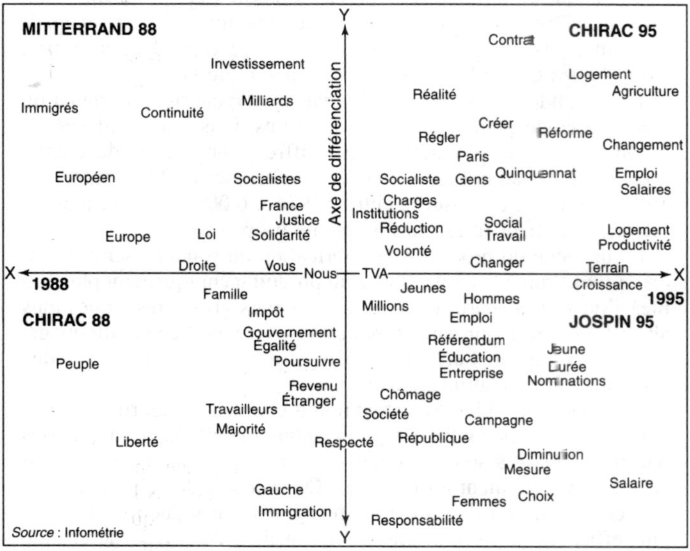

La remise de l'étude aux demandeurs et la facturation

Le sondage, une fois compilé, est remis aux demandeurs avec les résultats bruts, leur traitement et, éventuellement, une notice qui décrit les conditions de l'enquête et les quelques conclusions qu'en tirent les chargés d'étude. Si le client est plus exigeant, il demande également des traitements statistiques plus poussés ; parfois il réalise lui-même une étude complémentaire, s'il dispose de chargés d'étude pour le faire. Il demande alors qu'on lui remette le support informatique sur lequel sont codées les données.

Les différents produits vendus par un institut de sondage sont assez standardisés et ne nécessitent pas en général d'efforts de créativité démesurés ; leurs coûts semblent varier assez peu d'un institut à l'autre. Ainsi, le coût d'un sondage national portant sur 1 000 personnes et comprenant une trentaine de questions varie, en 1995, entre 150 000 et 200 000 francs (sans traitement informatique sophistiqué). Le prix d'une question unitaire posée dans un sondage omnibus oscille entre 5 000 et 10 000 francs (environ 6 500 francs pour une question fermée et 8 000 à 9 000 francs pour une question ouverte). Les sondages par téléphone sont moins chers, et quelques instituts se spécialisent déjà dans ce type d'intervention (Multilignes-Conseil, Europhone, Mediatel, etc.).

Le demandeur de sondage peut également requérir le soutien d'un chargé d'étude pour rédiger ses questions, puis pour analyser les réponses après la production des chiffres : la journée du chargé d'étude lui est alors facturée entre 1 500 francs et 2 500 francs en 1984 ; en 1996, elle oscille entre 5 000 et 6 000 francs la journée facturée au client (c'est parfois même un peu moins).

L'ensemble du processus de fabrication du sondage semble tendre aujourd'hui à la réalisation d'un produit techniquement plus fiable, d'où l'on a écarté les « tares » les plus grossières : questions absurdes ou trop lourdement inductrices, erreurs d'échantillonnage, redressements ou corrections illégitimes, « bidonnages » des enquêtes, interprétations abusives, etc.

Pourtant les problèmes restent nombreux. Une proportion importante de sondages continue à poser, intentionnellement ou non, des questions (voire à soumettre des questionnaires entiers) canalisant et orientant nettement les réponses. On prend également de plus en plus conscience qu'il existe des effets globaux d'induction, d'autant plus efficaces qu'ils sont presque insensibles au niveau de chaque questionnaire.

TABLEAU I. — LES ENTREPRISES D'INGÉNIERIE, ÉTUDES ET CONSEIL EN 1990
(de plus de cinq salariés)

Effectifs	*6 à 9*	*10 à 19*	*20 à 49*	*50 à 99*	*100 et +*	*Total*
Nombre d'entreprises	64	47	40	14	14	179
Facturations (milliers de francs)	264 190	519 777	647 905	323 465	1 485 674	3 241 011
Facturations France en %	85,3	94,6	85,6	80,9	92,3	90,2
Facturations étranger en %	14,7	5,4	14,4	19,1	7,6	9,8
Sous-traitance (milliers de francs)	28 242	221 668	44 055	32 988	82 126	409 979
Sous-traitance en % de la facturation	10,7	42,6	6,8	10,2	5,5	12,6

Source : Données extraites de SESSI, *Statistiques ingénierie, études et conseil*, enquête annuelle de branche 1990 (études économiques et sociologiques), publié en 1992.

TABLEAU II. — ENTREPRISES RÉALISANT DES ÉTUDES ÉCONOMIQUES ET SOCIOLOGIQUES EN 1991
(six salariés et plus)

	Nombre d'entreprises	*Effectif*	*CA (en millions)*	*CA étranger*	*CA France*	*Cadres*	*Rémunérations (en millions)*
Études économiques et sociologiques (nomenclature 7202)	586	13 407	7 052	–	–	–	–
dont : études économiques et sociologiques (nomenclature 77020)	141	1 439	926	65	861	508	244
dont : étude sociologique, enquête d'opinion (nomenclature 77021)	55	1 569	876	86	791	453	265
dont : études de marché (nomenclature 77022)	200	7 135	3 093	359	2 773	1 843	1 019

Source : données extraites de SESSI, Statistiques, par Catherine SOUQUET, *L'Ingénierie, les études et le conseil en 1991* édité par le ministère de l'Industrie, des Postes et Télécommunications et du Commerce extérieur en décembre 1993.

TABLEAU III. — ENTREPRISES RÉALISANT DES ÉTUDES ÉCONOMIQUES ET SOCIOLOGIQUES EN 1991
(zéro salarié à cinq)

	Nombre d'entreprises	*Effectif*	*CA (en millions)*	*CA étranger*	*CA France*	*Cadres*	*Rémunérations (en millions)*
Études économiques et sociologiques (nomenclature 77020)	674	1 108	458	70	388	271	69
Étude sociologique, enquête d'opinion (nomenclature 77021)	163	358	140	3	137	71	34
Études de marché (nomenclature 77022)	718	1 240	516	52	425	271	106

Source : *ibid.*

TABLEAU IV. — PRINCIPAUX ORGANISMES RÉALISANT DES SONDAGES CLASSÉS PAR CHIFFRE D'AFFAIRES H.T.

Nom de l'institut	*Chiffre d'affaires (année)*	*Effectif permanent*
A.C.NIELSEN	500 à 1 000 MF (1993)	210
Groupe SOFRES	1 000 MF (1994)	1 700
— SOFRES	350 MF (1994)	350
— SECODIP	250 MF (1993)	580
— SECODIP-IRI	70 MF (1993)	160
— Louis-Harris, etc.	31 MF (1994)	–
Groupe IPSOS	650 MF (1994)	331
— dont IPSOS-France	215 MF (1994)	140
CEGOS	410 MF (1992)	470
Burke Communication	169 MF (1993)	110
Matrixx Phone Marketing	150 MF (1992)	101 à 200
Research International	123 MF (1994)	103
Médiamétrie	115 MF (1993)	78
BVA	111 MF (1993)	93
GFK	80 MF (1993)	85
ISL	72 MF (1993)	80
IFOP	60 MF (1993)	33
Démoscopie	50 MF (1993)	65
CSA	35 MF (1994)	38
Groupe Bernard Julhiet	25 MF (1994)	33

Source : banque de données KOMPASS, *Le Sondoscope*, et enquête postale en 1995 de H.Y. MEYNAUD et D. DUCLOS. La part des études politiques de six instituts de sondage (BVA, SOFRES, CSA, IPSOS, Louis-Harris, IFOP) oscille entre 13 % et 30 % du chiffre d'affaires, pour un volume total de 254,25 millions de francs (Gilles PARIS, *Le Monde*, 8 avril 1995, p. 8).

V / Les instituts et les métiers du sondage

L'activité de sondage a connu jusqu'à ces dernières années une expansion que la crise semblait ne pas atteindre, ou paraissait même alimenter. Jusque-là, la croissance du chiffre d'affaires s'accompagne d'une augmentation du nombre des personnes employées. Mais la concurrence acharnée qui oppose les instituts de sondage et la crise du secteur publicitaire ont provoqué des bouleversements dans les structures, une baisse relative des prix et des rémunérations, une aggravation de la précarité des emplois et des conditions de travail. On constate aujourd'hui que les instituts qui ont le plus amélioré leurs positions sur le marché du sondage d'opinion sont également ceux qui se sont spécialisés dans les études de marketing.

Chiffre d'affaires et effectifs du secteur des sondages d'opinion

Il est difficile d'isoler les sondages d'opinion parmi les diverses prestations d'étude et de conseil. Cependant, jusqu'en 1991, on dispose d'évaluations statistiques que l'on peut recouper pour se faire une idée un peu plus précise. Depuis 1981, une enquête régulière du ministère de l'Industrie et de la Recherche, portant sur les entreprises de cinq salariés et plus de la branche « ingénierie, études et conseil », permet de déterminer la part des « entreprises réalisant à titre principal des sondages », à l'intérieur du groupe des « entreprises réalisant des études sociologiques, économiques et des études de marché ». Si ces dernières représentent, en 1982, 219 entreprises, faisant un chiffre d'affaires hors taxes de 1,4 milliard de francs, et mobilisant 5 000 travailleurs permanents et 5 000 temporaires, les « sondeurs » (*proprio motu*) en constituent bien l'essentiel, puisqu'ils sont 133, totalisent 971 millions de chiffre d'affaires et regroupent 8 300 personnes, dont 3 700 employés permanents. Plus de la moitié du chiffre d'affaires global est d'ailleurs réalisé par les 17 entreprises de plus de 100 employés.

Notons toutefois que plusieurs organismes importants réalisant des sondages d'opinion ne sont pas comptabilisés dans les enquêtes de branche du SESSI : en particulier l'INSEE, l INED, l'OCSS, l'ex-CERC, le CREDOC, etc. Les services statistiques de l'État français représentent environ 10 000 personnes dont 6 700 à l'INSEE (« Le système statistique français », *Problèmes économiques*, n° 2470, 1er mai 1996). Un Conseil national de l'information statistique (CNIS) fonctionne pour vérifier l'adéquation des productions statistiques aux besoins.

Si l'on s'en tient aux organismes recensés et faisant essentiellement du sondage, on constate que leur chiffre d'affaires global (environ 1 milliard de francs) était en 1982 dans l'ordre de grandeur du budget civil de la recherche en sciences humaines, ou de la totalité du budget de dépenses de l'INSEE (1,317 milliard de francs). Mais, de manière générale, les sources statistiques fiables disparaissent les unes après les autres : économies budgétaires ou souci de masquer des données confidentielles ? Pulsion de destruction d'emploi atteignant les chargés d'études des grands organismes français d'observation de la réalité ?

En 1990, les « entreprises d'ingénierie, études et conseil » de plus de cinq salariés (cf. tableau I) sont au nombre de 179 et réalisent un chiffre d'affaires de plus de trois milliards de francs. Il n'existe plus d'étude fine permettant de cerner précisément le chiffre d'affaires des sondeurs (le sondage d'opinion ne représentant qu'une part infime du budget des grands instituts). Néanmoins, les entreprises réalisant à titre principal des études sociologiques et des enquêtes d'opinion sont au nombre de 200 (cf. tableau II) pour un chiffre d'affaires de 1,8 milliard de francs (à peu près le double du début des années quatre-vingt). Le nombre de petites entreprises de moins de six salariés (cf. tableau III) est devenu considérable, entreprises éphémères qu'il est difficile d'inventorier. Ce sont souvent des employés d'instituts qui deviennent travailleurs indépendants et sont réemployés en sous-traitance par leur ancienne entreprise. Ce qui comporte des avantages (fiscaux et administratifs) pour les gros instituts déléguant les risques sur l'individu. On en compte 837 en 1991, pour un chiffre d'affaires de 600 millions de francs.

L'importance de l'activité de sondage n'apparaît donc pas négligeable : mais on en mesure mieux la modestie relative si l'on se rappelle, par exemple, qu'à l'intérieur de l'activité publicitaire, le seul groupe Publicis réalise à lui seul 20 milliards de chiffre d'affaires en 1995 (dont 8,2 milliards en France), soit près de dix fois le volume global d'affaires des sondages (« Numéro un européen, Publicis s'implante au Mexique et au Brésil », *Le Monde*, 20 août 1996, p. 14).

L'évolution de la structure du secteur

Le volume d'affaires des treize premiers instituts de sondage est passé de 70 millions de francs en 1970 à 548 en 1982. En 1994, la même somme (en francs courants) est réalisée par les trois premiers organismes. Mais depuis 1993, le chiffre d'affaires des instituts a baissé de 1 % par an. Les entreprises clientes des instituts de sondage commandent moins d'études, et deviennent plus exigeantes sur la qualité.

Si les groupes importants (faisant en 1980 plus de 70 millions de chiffre d'affaires, comme la SEDES, la SOFRES, la SECODIP et A. C. Nielsen) maintiennent leurs positions acquises, il n'en va pas de même pour beaucoup de petits et moyens organismes qui ne se développent rapidement que pour décliner quelques années plus tard. Il est relativement facile de créer une société de sondage, mais il l'est beaucoup moins d'atteindre un niveau permettant d'offrir une gamme suffisante de prestations, condition de la rentabilité et de la pérennité de l'entreprise. S'il y a croissance, il y a donc également transformation et déplacement des activités notamment vers la publicité et le marketing. L'apparition de plusieurs « générations » de groupes est, de ce point de vue, significative. Il y a d'abord les anciennes et les plus grosses sociétés d'études (SECODIP, SOFRES, SEDES) ; ensuite, les grandes entreprises de marketing qui sont amenées à les concurrencer sur le terrain des sondages d'opinion (A. C. Nielsen, BVA, Havas) et enfin les nouveaux venus plus spécialisés dans le sondage et dont le chiffre d'affaires varie en 1982 entre 5 et 15 millions de francs (IPSOS, IFRES, Indice-Opinion, Public SA, Publimétrie). Parmi ces derniers, plusieurs dirigeants sont issus des milieux du marketing politique proches du RPR et de l'UDF. Jérôme Jaffré présente ce processus comme une prolifération des instituts par scissions successives (*Le Matin*, 10 janvier 1981).

Actuellement, le plus important institut de sondage d'opinion est la SOFRES, avec un chiffre d'affaires de près de 350 millions de francs en 1994. L'IFOP, quant à lui, semble avoir perdu beaucoup de terrain. Des restructurations de capital opérées à la fin des années soixante-dix par la famille Riboud ont réduit à peu de chose la part des fondateurs qui vont, en 1980, quitter cet institut pour fonder l'Institut Faits et Opinions. Jean-Marc Lech, à l'époque directeur de l'IFOP, a vu ses pratiques de fabrication des sondages fortement contestées (lourdes corrections de certaines études), ce qui le conduisit à fonder un autre organisme, l'IPSOS.

La mobilité interne au monde du sondage (qui passe souvent par le départ d'un cadre allant créer sa propre entreprise) tend tout à la fois à constituer un milieu concurrentiel et, en même temps, à créer un réseau de professionnels liés entre eux par de multiples rapports. Les cadres dirigeants passent d'une société à l'autre : Marc Bousquet (directeur général de Public SA) et Jean-Jacques Guillet (P-DG d'Indice Opinion) ont d'abord travaillé avec Michel Bongrand à MBSA. Hélène Riffault, Jean Stoetzel et Alain Girard ont quitté l'IFOP pour fonder Faits et Opinions. Albert Lavialle (président d'ISL) vient de la SEMA et Michel Brulé (BVA) de l'IFOP. Pierre Weil, P-DG de la SOFRES, est également gérant de Louis-Harris France. Les prestations réciproques ou communes sont fréquentes entre les instituts ; l'Institut français de démoscopie est une filiale de la COFREMCA et lui sert de réseau d'enquêteurs ; en revanche, Démoscopie fournit à ses autres clients une classification par courants socioculturels issue de celle de la COFREMCA, en plus du signalétique du sondage traditionnel ; l'Institut GMV fait partie du groupe Eurequip à Vaucresson. Cette interdépendance explique en partie que la plupart des instituts de sondage travaillent selon les mêmes techniques, bien qu'il n'y ait pas de centre de recherche et de formation commun ou lié à l'un d'entre eux.

Lorsque les instituts de sondage travaillent pour des entreprises importantes, ils essaient de se « spécialiser » dans le contact avec tel ou tel service chez le demandeur, et ne se concurrencent pas. Si on les y force, ils peuvent aller jusqu'à soumissionner volontairement à un tarif qui les élimine automatiquement dans l'appel d'offres où ils souhaitent laisser la place à un collègue (à charge, bien sûr, de réciprocité).

L'apparition dans les statistiques officielles d'un secteur des « instituts de sondage » en tant que tel ne doit donc pas induire en erreur : ils sont souvent issus, pour les plus importants d'entre eux comme pour les plus modestes, des services de groupes financiers ou industriels solidement établis. La concurrence aiguë cohabite dans certains cas avec des formes plus ou moins tacites de partage du marché ou de compétition organisée.

Parmi les organismes qui produisent ou font réaliser un grand nombre de sondages, on doit également compter la police, dont les anciennes fonctions d'information ont évolué largement vers la saisie des opinions : aujourd'hui, les Renseignements généraux produisent une partie non négligeable des sondages d'opinion réalisés dans notre pays. Pour mener à bien leur mission (qui est, entre autres, de « renseigner le gouvernement sur l'état de l'opinion publique, les analyses des intentions des partenaires sociaux, la façon dont a été reçue telle mesure, les intentions de vote pour les prochaines élections, etc. »), ils disposent d'un institut de sondage d'une grande fiabilité — l'Office central des sondages et des statistiques (OCSS) —, dont les enquêteurs sont des policiers en civil tout à fait respectables. Dans l'organigramme des Renseignements généraux, les enquêtes et sondages dépendent de la huitième section de la Direction générale. Celle-ci commande des études de marketing-politique particulièrement précieuses pour les élus sortants menacés et pour les candidats à la recherche d'une circonscription électorale favorable. On a même pu faire l'hypothèse que ce sont les « sondages sur les intentions de vote qui polarisent l'énergie » de l'OCSS (Sarrazin, *Le Monde*, 27 janvier 1975). Déjà, dans les années quatre-vingt, les sondages nationaux réalisés par les Renseignements généraux étaient transmis au ministre de l'Intérieur au rythme d'un par semaine. L'OCSS sous-traite parfois les sondages à d'autres instituts privés.

Les médias : propriétaires ou propriétés des organismes de sondage ?

Les médias semblent faire couple privilégié avec l'un ou l'autre des instituts : en février 1994, *Le Sondoscope* signale qu'en 1993 la SOFRES était associée au groupe *Figaro*, à *La Vie française*, au *Nouvel Observateur*, à *La Tribune Desfossés*, à Bayard Presse et au *Monde* ; l'IFOP était lié à *L'Express*, *J.D.D.*, *Top Santé*, *Points de vente* et *Globe-Hebdo* ; CSA était attaché au *Parisien*, au groupe Bayard Presse et *Télérama* ; BVA fournissait principalement ses produits à *Paris-Match*, etc.

Cette répartition assure (par exemple, dans le cas des journaux du groupe de presse Hersant) une meilleure fiabilité des résultats (par les recoupements possibles) et donne l'impression de soutenir une diversité de points de vue.

On peut se demander si ce sont les médias qui choisissent entre les sondeurs ou l'inverse. La solution du problème est sans doute que les uns et les autres appartiennent désormais à de grands groupes financiers et industriels. Le groupe SOFRES est ainsi détenu à 51 % par FIMALAC (Financière Marc Ladreit de Lacharrière) ; BVA est la propriété de Pébereau (Marceau Investissement) après avoir appartenu à la Caisse régionale du Crédit agricole de l'Yonne ; L'IFOP appartient à 52 % à Laurence Parisot. Or le groupe Parisot (deuxième producteur mondial de meubles) est le principal actionnaire de Bossard Consultants — lequel est le principal actionnaire de l'IFOP — qui a racheté l'Institut Faits et Opinions, détenteur du label Gallup en France. Research International appartient au groupe Lever (le lessivier Henkel). A. C. Nielsen est une filiale du groupe américain Dun et Bradsteet-USA présent dans 88 pays. Louis-Harris France appartient au groupe SOFRES. GFK est une filiale du groupe allemand du même nom.

En revanche, IPSOS (51 % à J.-M. Lech et D. Truchot) et CSA (100 % à Claude Suquet et Roland Cayrol) sont majoritairement la propriété de leurs fondateurs, et ISL a été rachetée par ses salariés.

De leur côté, les médias n'échappent pas à la volonté de maîtrise des puissances économiques (Patrick Pajon, « Main basse sur les médias en France : l'inexorable verrouillage du système de communication », *Le Monde diplomatique*, n° 24, mars 1995) : Alcatel-Alsthom s'est offert *Le Point* (89 %), *Courrier international*, le groupe de la Cité (68 %), Radio-Nostalgie (36 %) et le groupe *Express*. La Compagnie générale des eaux a racheté Canal Plus (20 %), UGC (26 %). La Lyonnaise des eaux a préféré la chaîne M6 (28 %), Bouygues TF1 (37,5 %). Matra Hachette a opté pour *L'Événement du jeudi*, et Jérome Seydoux (Les Chargeurs réunis) a saisi, en 1996, 66 % du capital de *Libération* (*Le Monde*, 2 février 1996, p. 27) ; le capital du journal *Le Monde* est détenu à 45,94 % par une pluie d'actionnaires externes, du Crédit local de France à Fimalac (*Libération*, 28 décembre 1995, p. 28), etc.

L'*establishment* financier et industriel tend donc à contrôler à la fois médias et sondages. Il crée progressivement un miroir sans interférence extérieure (en dehors des scrutins populaires) et « pacifie » du même coup toute la scène des échanges publics d'opinion autour de ses intérêts, ce qui pose à terme un problème à l'exercice de la démocratie, comme la tentative de Silvio Berlusconi l'a montré en Italie (voir encadré).

Les pays de l'Europe de l'Est ont témoigné de phénomènes analogues à la « dérive italienne », mais cette fois contrôlés par des forces politiques ou idéologiques. Le mouvement politique Russie démocratique a ainsi créé son propre centre de recherches sociologiques, Rossika ; le Parti républicain russe a créé le centre Écoute ; plusieurs journaux édités par certains centres de sociologie prennent des positions partisanes, comme si, selon A. Gasparishvili, la distance scientifique n'était plus accessible au sociologue quand le destin du pays est en jeu.

Sondages et pressions sur la démocratie : le cas italien

Le faussage du jeu démocratique par un contrôle économique excessif s'est manifesté de façon flagrante lors des élections italiennes de 1994. Une enquête italienne a indiqué que « l'exposition au message télévisuel [...] a contribué à modifier la destination de 10 % des votes ». Les deux tiers de ces déplacements auraient été dus aux manœuvres de la holding Fininvest (appartenant à Silvio Berlusconi), propriétaire de chaînes de télévision, de journaux et d'un institut de sondage, Diakron (un autre institut intervenant sur les trois réseaux de télévision Fininvest est Doxa. *Le Sondoscope*, mai 1994, p. 6), dirigé par Gianni Polino, candidat sous l'étiquette de Forza Italia (la formation dirigée par S. Berlusconi). Seule cette coalition a profité (+ 8 %) des prédictions constantes de cet institut, lui attribuant un score de 30 % à 35 % des votes (soit 10 % de plus de ce qu'il obtint finalement) (*Le Sondoscope*, mai 1994, p. 9). Ces chiffres « gonflés » étaient repris sur les séquences publicitaires télévisées (des chaînes berlusconiennes), alors que l'Institut Directa (lié à Télé Monte-Carlo) n'annonçait que 20,8 %. Comme l'observe Ilvo Diamanti, cet effet d'annonce n'a sans doute pas influé massivement les votes eux-mêmes, mais il a permis à Berlusconi de se présenter à l'avance en vainqueur, et de traiter avec ses alliés en position de force (*Le Sondoscope*, mai 1994, p. 9). Pendant son passage au gouvernement, S. Berlusconi commanda un sondage par jour à Diakron (*Courrier international*, n° 189, 16 février 1994, p. 13 ; Curzio Maltese, de *La Stampa* à Turin : « Le sondage comme prière quotidienne. M. Pilo, sa mère, ma tante et les poulets »), le présentant comme un observatoire de la vie civile.

La démocratie italienne semble avoir su repousser ces méthodes inquiétantes : quelques mois plus tard, S. Berlusconi n'était plus au gouvernement, et la justice s'intéressait à ses activités. Un autre effet inattendu de ce forçage fut... le dérèglement croissant de l'efficacité de la machine à sonder : les élections régionales italiennes d'avril 1995 devaient être remportées par la droite, or c'est le parti des réformateurs communistes PDS qui arrive en tête avec 25 % des suffrages. Curzio Maltese (*Courrier international*, n° 235, 4-10 mai 1995, p. 12) estime que les électeurs ont voté contre la « démocratie virtuelle ».

En France, la possession directe d'instituts de sondage par un groupe politique n'est pas encore (ou plus) une réalité. Les instituts de sondage conseillent presque tous simultanément plusieurs candidats issus de tendances politiques différentes. Laurence Parisot, directrice et actionnaire principale de l'IFOP, souligne qu'en politique, contrairement au marketing, « nous ne signons pas de clause de non-concurence » (*Le Cahier du nouvel économiste*, « Pour quel sondeur allez-vous voter ? », n° 985, 24 février 1995, p. 81). Toutefois, sur le long terme, l'arrogance — individuelle ou collective —

des « captateurs d'opinion » semble une menace à ne pas négliger, surtout au vu des étroites relations qu'entretiennent désormais puissances financières, médias et instituts de sondage.

Une intégration internationale en cours

L'imbrication des instituts dans des réseaux internationaux et leur appartenance à des groupes français ou étrangers sont une constante pour les « grands » de cette branche. L'existence de ces interrelations facilite la passation de sondages coordonnés dans plusieurs pays. On peut se demander également si, dans la formulation et le choix des questions, d'éventuelles tentatives d'influence politique et culturelle à partir de points de vue « étrangers » ne sont pas induites par de telles structures. Il est à l'heure actuelle difficile de conclure dans ce sens, les motivations présidant à la concentration de ces réseaux transnationaux étant de prime abord d'ordre lucratif et technique.

Le groupe SOFRES (premier groupe d'études et de sondages français, deuxième en Europe et quatrième dans le monde) a ainsi racheté de multiples instituts dans les pays européens : DIMARSO en Belgique, The Harris Research Center en Angleterre, etc.

L'internationalisation de la production des sondages est également liée aux phénomènes, en pleine croissance, d'internationalisation des banques de données et plus généralement des informations. Le sondage devient ainsi un aspect du flux transfrontières des données. Par exemple, il représentait déjà, en 1982, 5 % du trafic des réseaux télématiques européens (RFM, Cahier 88) qui véhiculaient nombre d'informations de haute valeur, financières ou scientifiques.

Simultanément, des banques de données nationales se sont constituées : tel le projet SEDES/INSEE/SECODIP/INTERCOR. La SOFRES gère de nombreuses banques de données comme Métascope (20 000 foyers, 53 000 personnes, un Français sur mille). La SECODIP (avec IRI et GFK) dispose d'un *panel* de distributeurs européens exploitant la technologie du *scanning* : celle-ci permet de saisir en temps réel les évolutions des ventes, à partir des codes barres présentés aux caisses des grandes surfaces.

La Commission nationale Informatique et Libertés (CNIL) tente avec plus ou moins de succès de réglementer ces flux...

L'organisation de la profession et la division du travail dans les instituts de sondage

Les organisations professionnelles

Plusieurs associations regroupent les professionnels aux niveaux national et international. Si elles peuvent, à l'occasion, intervenir sur certains aspects déontologiques (critique du « bricolage statistique », etc.), elles jouent plus généralement un rôle d'animation, allant de la promotion de la profession dans d'autres milieux aux échanges de réflexions et d'informations sur la conjoncture. Leurs revues et leurs bulletins traitent des perfectionnements de la technique d'enquête ou des problèmes épineux de la saisie des opinions.

Il existe, en France, trois organismes principaux : l'ADETEM (Association pour le développement des techniques du marketing), créée en 1954, publie une revue, édite un annuaire de la profession, le dernier datant de 1991, anime un centre de documentation et exerce de multiples autres activités. SYNTEC est la chambre syndicale des sociétés d'études et de conseil ; elle comporte une section « études de marchés » qui regroupe les plus gros instituts de sondage. Les membres sont sélectionnés suivant des critères de qualité, et SYNTEC émet des avis sur les produits fabriqués. L'appartenance à SYNTEC représente en quelque sorte un label de qualité. L'IREP (Institut de recherches et d'études publicitaires) réunit plus largement les milieux de la publicité et du marketing. Il organise des colloques sur des sujets importants dans ce milieu (styles de vie et changement social, influence des médias, etc.) dont les résultats sont publiés dans ses cahiers.

La coopération internationale est assurée par plusieurs organismes qui se sont donné pour but de renforcer les liens entre les professionnels, de coordonner l'évaluation éthique du travail et de promouvoir les progrès scientifiques et techniques du sondage. Au niveau européen, l'ESOMAR (Commission européenne pour les études d'opinion et de marchés) est créée en 1947. Au niveau mondial, la WAPOR (Association mondiale pour l'étude de l'opinion publique) a un statut consultatif auprès de l'UNESCO. Certains organismes ont constitué avec d'autres instituts des réseaux plus ou moins formels comme l'INRA (International Research Associates) ou le groupe Gallup International.

Les métiers

Le personnel des instituts de sondage se répartit essentiellement en deux grandes catégories : les permanents (chargés d'études, consultants, ingénieurs, techniciens, personnel administratif) et les enquêteurs sous contrat ou complètement temporaires.

Les personnels permanents

Les chargés d'études et les enquêteurs vivent dans deux mondes séparés et ne se rencontrent à peu près jamais. A l'IFOP, en 1984, les rémunérations des chargés d'études « juniors » se situaient dans une fourchette de 6 000 à 8 000 francs par mois tandis que les « seniors » gagnaient entre 10 000 et 12 000 francs par mois. En 1995, un chargé d'études confirmé gagne entre 20 000 et 30 000 francs, mais il est souvent remplacé par un jeune chargé dont le salaire est beaucoup plus faible.

Les chargés d'études sont issus de divers milieux, dont un pourcentage important d'autodidactes (25 %) grimpant lentement les échelons de responsabilité de l'institut (par exemple, à la SOFRES : niveau non confirmé, confirmé, ingénieur, ingénieur en chef, puis ingénieur principal). Un directeur de service gagne environ 35 000 francs par mois, sans parler de divers avantages difficiles à estimer statistiquement, comme la plupart des cadres de haut niveau. Parmi les dirigeants et conseillers de ces instituts, on trouve plus d'un(e) ancien(ne) élève de l'Institut d'études politiques. D'autres sont issus des milieux de la recherche : Roland Cayrol, directeur des études politiques de Louis-Harris France, puis directeur du CSA, est directeur de recherche à la Fondation nationale des sciences politiques ; Alain Lancelot, ancien directeur du CEVIPOF, puis directeur de l'IEP de Paris, a été très longtemps conseiller de la SOFRES ; Jean-Luc Parodi (professeur à l'Institut d'études politiques) et Jean-Noël Kapferer (professeur au CESA-HEC) sont conseillers de l'IFOP ; Frédéric Bon (BPSP, décédé en juin 1987) et Gérard Grunberg (directeur de recherche au CEVIPOF) participaient aux réflexions de BVA, etc.

Pour certains universitaires, le passage entre leur laboratoire, souvent « pauvre » en moyens d'information, et l'institut de sondage, où ils occupent une fonction d'expert-conseil (parfois contre une rémunération substantielle de leurs vacations), permet de nourrir leurs recherches de données inédites ; en retour, l'institut peut bénéficier d'une légitimation académique et d'un apport scientifique important auquel il tient, et qui peut, dans nombre de cas (mais pas toujours), le pousser à maintenir une pratique déontologique et professionnelle de qualité.

Les enquêteurs

Un roman de Georges Perec (*Les Choses*) décrit très joliment la vie et le travail des enquêteurs au milieu des années soixante. Le travail n'a pas beaucoup changé depuis, si ce n'est que les conditions en sont probablement plus pénibles. Dans le passé, les grands instituts (Publicis, IFOP) possédaient leur propre réseau d'enquêteurs. Ce n'est plus le cas aujourd'hui : la profession s'est précarisée et on y entre avec une formation succincte. Il faut aller travailler très vite, les fins de semaine et les soirées sont souvent grignotées. Le travail est payé à la pièce. Les enquêteurs sont répartis à travers toute la France. Ils ont peu de rapports aussi bien avec leurs sièges sociaux (situés pour la plupart en région parisienne) qu'entre eux, en dehors des réunions d'explication de questionnaire.

Si les femmes représentent 90 % des enquêteurs, elles ne sont qu'à 60 % titulaires de contrats. Elles sont préférées aux hommes parce qu'elles affrontent avec plus de chances de succès les contacts difficiles avec des enquêtés rétifs, voire désagréables ou hostiles. Elles inspirent confiance (condition *sine qua non* pour qu'un entretien ait lieu), elles sont « patientes » et « fiables ». Une autre raison de cette féminisation est l'existence d'un potentiel de main-d'œuvre féminine au chômage ayant un niveau scolaire non négligeable, acceptant de se déqualifier fortement dans ce type d'emploi et de supporter de mauvaises conditions de travail. C'est le cas, notamment, de femmes divorcées, séparées, âgées d'une quarantaine d'années. Cette situation est en passe de se modifier : la pression du chômage pousse de plus en plus d'hommes vers cette profession.

Pour disposer d'une main-d'œuvre plus « flexible », les instituts recourent occasionnellement ou régulièrement à des sociétés sous-traitantes spécialisées, les « marchands de terrain », tel Phone City (filiale de l'IFOP), où tous les employés sont vacataires.

La sous-traitance est difficile à mesurer précisément : si on se réfère à l'étude du SESSI (tableau I), elle est surtout pratiquée dans les sociétés de 10 à 19 salariés, dont elle représente 43 % du chiffre d'affaires.

Les enquêteurs du secteur public du sondage sont également vacataires. Mais leurs salaires sont supérieurs et ils sont parfois tenus informés de l'ensemble de l'enquête sur laquelle ils travaillent. L'INSEE et l'INED disposent d'un fichier de pigistes (respectivement 500 et 350 personnes environ). Seul l'INSEE réalise des enquêtes sur échantillon aléatoire, car il dispose du monopole de l'utilisation du fichier du recensement. Ces enquêtes demandent plus de doigté car les refus de contact risquent de fausser un échantillon qui servira de base aux autres. Il faut, de plus, retourner à l'adresse indiquée jusqu'à ce que l'on trouve la personne concernée du ménage.

Statuts, rémunérations et conditions de travail

(Les renseignements chiffrés sont tirés d'entretiens avec des enquêtrices ainsi que des données détaillées du *Bulletin d'information des organismes CGT des sociétés d'études*.)

La passation du questionnaire est l'acte de base de la rémunération. Cet acte se décompose en deux éléments :

1) la prise de contact « réussie » est payée au minimum 20 francs en 1995. Le prix exact dépend de la nature de l'échantillon : il est plus difficile de trouver une « femme ayant lu *Elle* la semaine dernière » qu'une simple « ménagère » ;

2) la passation elle-même, qui dépend de la durée du questionnaire. Sur le marché privé, son prix varie de 40 à 50 francs l'heure. Certains instituts paient parfois des frais de transport plus ou moins réels, ce qui leur permet de rémunérer les enquêteurs sans supporter les charges sociales. Ces mauvaises conditions de travail entraînent une forte rotation de personnel, malgré la situation actuelle de chômage.

Dans le secteur public, les émoluments pour un travail comparable sont plus élevés : les barèmes de paiement de l'INED varient selon que l'enquête se fait sur quotas (120 francs pour un questionnaire de 55 minutes) ou sur adresse (il peut alors atteindre 200 francs, ce montant incluant transport et charges sociales).

L'entretien semi-qualitatif (en face-à-face sous forme de discussion) est plus rare et mieux payé : de 150 à 200 francs de l'heure.

Les enquêteurs-piétons (comme ils se désignent dans la profession) qui travaillent dans la rue sont payés de 30 à 80 francs l'enquête (en 1994). L'enquête par téléphone de cinq minutes est payée environ 8,5 francs, celle de 20 à 40 minutes, environ 40 francs. Les enquêteurs sont soumis à des écoutes de contremaîtres « mouchards » pour les empêcher de « bidonner » (les sondés ont tendance à raccrocher plus facilement au téléphone, et l'enquêteur perd sa rémunération pour un questionnaire incomplet). Ces pratiques sont aujourd'hui remises en question par la Cour européenne de justice, au motif que la confidentialité de la conversation sondé-enquêteur n'est pas respectée par l'écoute clandestine d'un tiers.

Depuis 1993, les instituts ont répondu aux exigences croissantes de la part des entreprises clientes en transformant leurs chargés d'études en agents commerciaux, dont le salaire dépend d'objectifs financiers. Pour obtenir un marché, le chargé d'études aura tendance à abaisser le prix des enquêtes, à accepter des sondages moins cohérents. La marge bénéficiaire des instituts se réduisant, ces derniers répercutent cette baisse sur les salaires des personnels permanents et surtout temporaires. La qualité des conditions se dégrade (hyper-horaires, suppression des primes, etc.), développant la sous-traitance.

Chez quelques rares instituts, la conscience de la difficulté accrue d'appréhension des attitudes et des opinions a entraîné un comportement inverse : une certaine prudence par rapport à l'ajustement trop fébrile au marché. On cherche au contraire à fidéliser une partie du personnel qualifié qui se consacre aux enquêtes d'opinion. Il s'agit des instituts anciens, de taille conséquente (comme SOFRES, BVA, ISL), qui retiennent leurs enquêtrices à travers des contrats, en leur fournissant des micro-ordinateurs personnels, ce qui nécessite confiance et formation. En revanche, des économies et des augmentations de productivité sont attendues à d'autres postes : le papier disparaît, la saisie des réponses étant réalisée pendant l'entretien et communiqué à l'institut par Modem ou sur disquette.

Une convention collective fut signée en 1969 afin d'établir un certain nombre de règlements internes communs aux différents instituts. Un avenant est intervenu en 1980 établissant les divers statuts de la profession d'enquêteur. Il définit notamment trois types de distinctions :

— contrat 1 : il comporte un salaire annuel garanti, l'obligation de travailler pour un seul institut ; il est à durée indéterminée ;
— contrat 2 : il stipule un minimum annuel garanti et la possibilité d'appartenir à plusieurs réseaux ;
— sans contrat.

Pour le titulaire d'un contrat 1, une clause de conscience était prévue : il conservait la faculté d'accepter ou de refuser chacune des enquêtes qui lui étaient proposées (par exemple, si leur contenu lui pose un problème de conscience) sous réserve de voir le minimum annuel garanti diminué du coût de cette éventuelle enquête. Le salaire de base était de 4 000 francs par mois (en 1984), et l'on fournissait à l'enquêteur un nombre de questionnaires suffisant pour atteindre ou dépasser ce salaire. Celui-ci s'établissait en fait en moyenne à 5 500 francs par mois à Paris et à 5 000 francs en province. Ceux qui travaillaient toute la semaine atteignaient alors 7 000 francs par mois. Ces salaires avaient déjà régressé sur une dizaine d'années en francs constants, en particulier après la suppression des systèmes d'échelle mobile en vigueur dans les années soixante-dix. Dans les années quatre-vingt-dix, le contrat 1 se fait de plus en plus rare, et le salaire correspondant s'est trouvé bloqué dans sa progression.

Les titulaires d'un contrat 2 réalisaient en 1984 de 1 500 à 2 000 francs par mois dans chacun des instituts où ils travaillaient en même temps. Leur revenu mensuel pouvait donc être supérieur à celui d'un contrat 1, mais il était précaire. Un avenant au contrat 2 d'enquêteur (CEIGA : chargé d'enquête intermittent à garantie annuelle) a été adopté le 1er juillet 1992, signé par des syndicats (à l'exception de la CGT). Les conditions d'accès au contrat sont devenues plus difficiles. Pour l'obtenir, il faut avoir travaillé pour 50 000 francs (bruts) pour un seul institut dans une année. Pour ne pas aller vers la permanence de ces emplois, les instituts cessent les commandes aux alentours de 45 000 francs. De nouveaux contrats, plus intéressants du point de vue du congé de maladie et de la prise en compte de l'ancienneté, sont accessibles aux anciens contractuels, mais à la discrétion de l'employeur.

Plusieurs instituts tentent d'atténuer les effets des réglementations en réalisant de plus en plus de sondages omnibus dont le questionnaire est fabriqué avec les questions disparates de plusieurs clients, dont la durée est plus longue et qui permettent donc d'augmenter le rendement de l'entretien, tout en limitant le nombre de contacts payés. Ce changement a parfois des effets inattendus : telle cette situation, rencontrée par une enquêtrice, au cours d'un sondage omnibus. Elle pose à la suite les questions suivantes :

« Connaissez-vous la marque de poulets sous vide ? » (Suivent des questions d'évaluation de la qualité de ces poulets.)

Puis sans transition : « Quelle est votre opinion sur la Police nationale ? »

Cette anecdote amusante est sans doute significative d'une évolution négative de la qualité du sondage (malgré l'affirmation fréquente du contraire) et du sérieux avec lequel les personnes — supposées incarner la citoyenneté — sont interrogées.

Revendications et mouvements

En 1980, des grèves éclatèrent dans les services techniques des enteprises de sondage, parmi les enquêteurs et les préposés à l'expédition, à la reprographie, au tirage et au dépouillement des questionnaires. Les grévistes protestaient contre la suppression, en janvier 1979, de l'indexation des salaires sur le coût de la vie, à la SOFRES et à l'IFOP. Les arguments donnés par les directions pour justifier cette suppression étaient les difficultés dues à l'accroissement de la concurrence et la crise économique. Il semble plutôt qu'il devenait important, dans un secteur en pleine expansion, d'éliminer le handicap que constituaient pour certains instituts l'emploi permanent des enquêteurs et les garanties qui y étaient associées, alors que se généralisait déjà le recours à la sous-traitance. Dans ce contexte difficile pour les luttes, les succès syndicaux se raréfièrent et la syndicalisation diminua, accentuant l'isolement des enquêteurs. En 1995, on ne recense des sections syndicales avec comité d'entreprise que dans les instituts de plus de cinquante salariés, et là où les syndicats sont forts et anciens, comme la SOFRES, ISL, IFOP, Démoscopie ou Burke.

La dépression du mouvement est donc sensible, au moment où, par ailleurs, le développement des pratiques de *dumping*, notamment par les nouveaux instituts, accentue la forte pression sur les salaires et affecte plusieurs aspects de la fabrication (suppression fréquente de l'atelier de relecture, par exemple).

Le secteur des sondages d'opinion a été longtemps en forte croissance. Celle-ci s'est accompagnée de transformations de structure et d'un hiatus grandissant entre les équipes — assez légères — des concepteurs et le monde des enquêteurs, précarisé et poussé hors institution par la généralisation de la sous-traitance. La période plus récente de contraction économique et technique n'a pas enrayé ce mouvement, mais l'a au contraire amplifié dans un contexte de stress et de dégradation des métiers, ce qui ne favorise guère la réflexion sur les conditions de validité des sondages ni sur le rapport — crucial pour la valeur du sondage — entre personnes interrogées et enquêteurs.

VI / La commande et l'usage des sondages d'opinion

Aux problèmes que soulèvent la notion d'opinion et le mode marchand de production du sondage par rapport à des critères de rigueur et d'exactitude s'ajoutent ceux liés aux usages que font les commanditaires des sondages, qui peuvent être parfois très éloignés d'une « révélation de vérité ». Toutefois, les choses ne sont pas simples à évaluer. Le sondage est ambivalent : il recèle des possibilités de connaissance, mais aussi d'influence sur les opinions. Cette ambivalence n'est pas radicalement supprimée, ni dans le sondage confidentiel (qui est souvent l'objet de batailles d'interprétation entre divers clans internes au parti ou à l'entreprise ayant demandé l'étude), ni dans le sondage rendu public, lequel, quoique souvent destiné à faire pression sur les lecteurs ou les téléspectateurs, peut également poser, d'une façon biaisée, des questions légitimes de connaissance.

Sondage public et sondage confidentiel

Michel Bongrand, spécialiste du marketing politique, explique qu'« il y a deux sortes de sondages, ceux que nous faisons pour savoir comment orienter la stratégie globale de la cause que nous servons et les sondages destinés à la publication » (*Stratégie*, n° 188, 27 mai 1979). Il est ainsi suggéré que ces derniers sont produits dans un but tout différent de celui d'une meilleure connaissance.

Lors d'une campagne municipale, le sondage confidentiel peut fournir à un nouveau candidat des données sur les critiques et les souhaits des habitants quant à la pression fiscale, les équipements collectifs, la défense de l'environnement. Il peut aussi donner des indications sur l'image de marque de l'équipe sortante et permettre au candidat de modeler, par contraste avec celle-ci, la composition de sa propre équipe et sa présentation. Notons qu'en 1995 les sondages confidentiels représentent 80 % des études (« Le cahier du samedi », *Le Nouvel Économiste*, 24 février 1995, nº 985, p. 80). Le sondage public, publié quelque temps avant la consultation électorale et portant sur les intentions de vote, peut être utilisé par le même candidat pour mobiliser ses électeurs potentiels ou décourager l'opposition. Il peut faire alors partie des moyens de propagande.

Il arrive parfois qu'un client commande le même sondage à plusieurs instituts et qu'il choisisse de publier ou d'utiliser celui qui justifiera le mieux la thèse qu'il défend. Les différences entre plusieurs sondages réalisés simultanément peuvent être dues soit aux différences d'échantillonnage ou de formulation des questions (ainsi que de l'ordre dans lequel elles sont posées), soit aux conditions de l'enquête sur le terrain.

On observe à ce propos que la loi interdisant la publication des sondages avant l'échéance électorale a pour effet de réserver les informations les plus précises à ceux qui peuvent payer une enquête confidentielle, alors que les citoyens les ignorent jusqu'à l'annonce des premières estimations à la fin du scrutin.

Le jeu entre sondages publics et sondages privés n'oppose pas toujours un client particulier à la collectivité, mais plutôt un « milieu » des utilisateurs de sondages à la masse des individus qui devront se contenter des chiffres publiés. En effet, si un demandeur peut faire appel à un sondeur pour une enquête confidentielle, un autre peut le faire aussi sur le même sujet : chacun peut donc s'attendre à ce que les informations dont il dispose circulent, au moins à un certain niveau. Cette possibilité entraîne d'ailleurs un jeu encore plus complexe : des fuites calculées peuvent être organisées ; et le sondage secret peut devenir public à tout moment, en partie ou en totalité, selon le bon vouloir et l'intérêt du client.

Le cas des sondages privés ayant immédiatement précédé l'élection de François Mitterrand en 1981 est significatif des possibilités ambivalentes, pour la personnalité politique, de jouer sur cet avantage pris sur le public. Ainsi, Valéry Giscard d'Estaing, connaissant les sondages non publiés qui indiquaient la prochaine victoire de François Mitterrand, tenta d'organiser une stratégie publique de « sortie de scène » sur le thème du respect de l'alternance et de l'expérience néfaste que les Français feraient sous le socialisme. Au cours du dernier face-à-face télévisé qui l'opposa avant les élections à son successeur, Valéry Giscard d'Estaing s'exprimait ainsi déjà clairement en « président sortant ». Mais si le sondage — pris pour argent comptant — poussa le candidat à cette stratégie de « bon perdant », il n'est pas sûr qu'elle ait été la meilleure, et que V. G. E. n'eût pas été plus convaincant en ignorant les pronostics qui le donnaient battu d'avance. La leçon en fut méditée par le candidat (et le président) Jacques Chirac, qui s'est fait une spécialité de ne pas « céder » aux sondages confidentiels, aussi crédibles soient-ils.

Les principaux demandeurs de sondages

Les sondages sont commandés par à peu près toutes les catégories d'organismes et de personnes intervenant dans la sphère publique, et ayant les moyens de s'offrir de telles prestations qui, bien que peu coûteuses en soi (5 000 à 10 000 francs la question dans un sondage omnibus en 1995), ne sont pas à la portée de tout le monde.

En gros, on peut distinguer quatre grands types de clients : les médias, les acteurs politiques, les divers mouvements associatifs et syndicaux, les entreprises. Les chercheurs en sciences sociales sont aussi des utilisateurs de résultats d'enquêtes d'opinion.

Les médias

Nous en avons vu l'importance dans la construction sociale de la notion d'opinion. Souvent liés aux instituts de sondage par le biais d'affinités financières, ils en sont aussi les premiers commanditaires : leurs demandes représentaient, dans les années quatre-vingt, 40 % des études politiques réalisées par la SOFRES, et 50 % de celles réalisées par l'IFOP.

Les médias utilisent aussi bien la forme confidentielle du sondage, notamment pour évaluer leur propre lectorat (cibler leurs articles et leur diffusion, définir leur image, changer de niveau de tirage, ou comparer leur audience aux supports concurrents, etc.), que sa forme publique, pour utiliser à leur profit l'effet d'événement de la publication de sondage ou pour influencer les lecteurs, les auditeurs, les téléspectateurs.

L'influence visée peut ne concerner que le comportement de fidélité qu'il s'agit de conforter ou de susciter : le sondage devient alors partie intégrante de l'image des médias. Cet objectif explique que, dans de nombreux sondages de ce type, la portée de connaissance ou même de suggestion des questions puisse être complètement affadie.

Par exemple, pour son lancement, le journal pour femmes *7 jours Madame* titrait en page de couverture : « Sondage : la vérité sur les

Français et l'amour. » Le sujet était soigneusement harmonisé avec le public ciblé. Les résultats étaient simplifiés : ils ne présentaient aucune segmentation des réponses par âge, CSP (catégorie socio-professionnelle) ou statut conjugal ; les taux de non-réponses, assez élevés, étaient cités, mais non interprétés. Les questions posées étaient par exemple du type : « Quels sont les jours et les heures qui ont votre préférence ? » L'enquête concluait que les Français font l'amour plutôt en fin de semaine et plutôt le soir. Était-il bien nécessaire de réaliser un sondage pour savoir cela ? Par ailleurs, on sait, à partir de nombreuses études sociologiques, que l'on n'obtient pas des réponses fiables aux questions ainsi posées (l'amour dans la journée étant, par exemple, moins facilement avoué qu'aux heures considérées comme « normales »).

Ce style de sondage est destiné à la distraction du public, dans un contexte de jeux d'été : il n'est donc pas pris au sérieux et n'en passe que plus facilement.

Le gouvernement et les diverses administrations

Ce sont de grands consommateurs de sondages, à des niveaux de plus en plus nombreux. Ce qui a pu faire écrire à Catherine Paradeise et Romain Laufer [34] que la bureaucratie d'État tend davantage à appuyer son action sur des critères de « marketing », à partir d'une évaluation pragmatique de ce que les usagers pensent de telle ou telle intervention administrative (cas d'une campagne du ministère de l'Environnement sur le bruit), ou même de l'« image » d'un ministère.

Les services du Premier ministre font transiter leurs demandes de sondages par le SID (Service d'information et de diffusion), qui passe ses commandes auprès de la SOFRES, du CCA, de la COFREMCA, de Louis-Harris France, de BVA, etc. Certains observateurs ont pu avancer que la commande annuelle du SID s'élevait à un million de francs dans les années quatre-vingt, et que, depuis, les gouvernements avaient fait un appel croissant aux sondages.

Les personnalités, les partis politiques et les mouvements

Ils sont également très friands de sondages. L'UDF dispose depuis longtemps d'un baromètre périodique. La proposition publique de Jean Lecanuet au congrès de l'UDF (« Le cahier du samedi », *Le Nouvel Économiste*, 24 février 1995, nº 985, p. 80), de s'en remettre à un sondage pour décider s'il fallait que la droite présentât ou non une seule liste aux élections européennes, dévoilait crûment une pratique établie depuis longtemps, à savoir que les grandes organisations politiques « testent » leur stratégie à grand renfort de sondages. Il n'est pas inintéressant de remarquer qu'une fois effectué un tel sondage a démontré que deux listes recueilleraient plus de voix qu'une seule (soit 48 % une liste ; 52,5 % deux listes — sondage SOFRES-*Le Figaro*, 13 janvier 1984), ce qui n'empêcha pas Simone Weil de conduire une liste unique. Il est vrai que le même sondage n'accordait que 4 % à Jean Lecanuet dans l'hypothèse où il conduirait lui-même la liste unique (*ibid.*) ; il est également vrai que d'autres sondages donnaient des indications différentes sur la position des seuls électeurs de droite sur ce thème, notamment celui de BVA-*Paris-Match*, réalisé du 15 au 21 décembre 1983, et dans lequel 52 % des électeurs des partis de droite déclaraient souhaiter une liste unique et 36 % préférer deux listes (*Le Monde*, 13 janvier 1984).

Les mouvements les plus divers sont également devenus commanditaires réguliers de sondages. Amnesty International commanda ainsi, pour déterminer les thèmes à développer dans sa campagne de sensibilisation de l'année 1981, un sondage d'opinion sur les préoccupations principales des Français parmi les phénomènes suivants : chômage, course aux armements, atteintes aux libertés individuelles, faim dans le monde et torture [12]. « Le but de l'étude étant de préparer une campagne de publicité qui fasse passer un message incitant le public à venir vers nous pour nous demander : mais véritablement qui êtes-vous ? » Dans les années quatre-vingt-dix, ces pratiques se sont banalisées, et, tout comme ce mouvement, associations et syndicats recourent de plus en plus fréquemment aux sondages pour compléter, mais parfois aussi pour remplacer l'information issue de l'expérience militante de leurs membres. Ce n'est pas alors sans poser un problème sur leur mode de fonctionnement interne.

Les entreprises ou groupements d'entreprises

Ce sont, à travers le marketing, des utilisateurs traditionnels du sondage, et ce recours s'est systématisé depuis les années soixante. En effet, dans tous les grands secteurs industriels, les entreprises se préoccupent d'entretenir leur image dans le public et de lancer de nouveaux produits susceptibles de séduire leur clientèle. Un sondage est effectué à chaque étape du processus de commercialisation d'un produit : évaluation de la demande potentielle ; préparation de la campagne publicitaire ; test de l'impact de cette campagne ; étude des réactions des consommateurs au produit ; modifications à apporter au produit pour maintenir ou accroître les ventes, etc.

L'expérience des entreprises en matière d'études du marché les a conduites à mieux mesurer les limites du sondage d'opinion, le comportement d'achat pouvant s'éloigner assez sensiblement de l'opinion consignée par le questionnaire. Il en est ainsi dans le secteur automobile. Avant de construire un nouveau modèle pour une catégorie de clientèle, les constructeurs cherchent à connaître à l'aide du sondage les préférences des acheteurs potentiels afin de définir la forme, la taille, l'habitacle, le prix, etc., du nouveau véhicule.

Or, on n'achète pas toujours la voiture de ses rêves, et si l'on exprime des préférences pour le « haut de gamme » d'un modèle donné, on achètera le plus souvent le « bas de gamme » en ayant l'impression d'utiliser un peu l'autre. C'est ce qui conduit désormais l'entreprise à réaliser des entretiens approfondis au même moment que la campagne de sondage, afin de mieux comprendre les motivations complexes de la clientèle et leurs rapports avec les comportements d'achat effectif. Cet exemple confirme l'idée qu'un questionnaire d'opinion standardisé est un outil en soi assez limité, dont il est dangereux d'extrapoler les résultats à moins de les utiliser dans une visée mystificatrice, incompatible avec l'impératif industriel (tout au moins quand celui-ci exige des connaissances exactes sur les consommateurs).

Quatre grands usages du sondage : la prévision politique, le suivi des tendances économiques, l'évaluation des courants socioculturels, la recherche

La prévision politique

Que ce soit du fait des médias, des personnalités politiques, ou des partis et des grandes organisations intervenant dans le domaine politique, le sondage politique pèse désormais d'un poids massif dans le total des sondages d'opinion. Mais il s'est largement diversifié. La prévision de vote n'est plus qu'un de ses aspects parmi beaucoup d'autres. Son objectif devient, plus largement, d'apprécier en permanence, en fonction des événements et des actes des personnalités publiques, les variations des opinions politiques. Il vise aussi bien à tester l'impact d'une prestation télévisée (avant et après le message publicitaire ou l'émission) que l'image de telle ou telle personnalité, son indice de popularité ou la réaction aux thèmes qu'elle développe et aux mesures qu'elle envisage. De même que l'industriel cherche à définir le produit le plus vendable, de même l'homme ou le parti politique recourent au sondage pour cerner ce qui pourrait être une mesure populaire, ou bien comment il faudrait la présenter pour qu'elle passe, etc.

Dans ce travail d'approximation, le sondage est effectivement utilisé comme outil de connaissance des vœux du public, mais au prix d'un encadrement étroit de ce qui est pris en compte dans les opinions possibles. On vérifie ensuite, par une enquête sur les intentions de vote, si les corrections tâtonnantes dans le jeu du personnage public ont porté : mais trop de paramètres entrent en jeu pour qu'on puisse être sûr que c'est bien telle nouvelle « petite phrase » ou le sourire moins « carnassier » de tel candidat qui ont apporté 0,5 % de voix potentielles supplémentaires.

La prédictivité des sondages politiques est souvent mise en question. Dans l'exemple de 21 sondages ayant précédé l'élection présidentielle de 1981 (entre décembre 1980 et mars 1981), les enquêtes avaient comme caractéristique commune de comporter une question sur le choix des électeurs au second tour dans l'hypothèse où les candidats seraient Valéry Giscard d'Estaing et François Mitterrand. Chaque sondage était présenté avec un score pour chaque candidat en lice, sans indication de la marge d'erreur. En se contentant de cette présentation, on était facilement enclin à faire la moyenne simple de ces scores ; on obtenait alors une majorité d'environ un point pour Valéry Giscard d'Estaing (président sortant) avec 50,57 % contre 49,42 % pour François Mitterrand.

Or, ce résultat, qui sembla faire mentir les sondages (puisque François Mitterrand l'emporta) n'est dû qu'à l'artifice utilisé par les médias dans l'énoncé des pronostics. Si ceux-ci avaient été présentés avec les fourchettes d'erreurs (comme dans le sondage Indice Opinion/*Le Quotidien de Paris*, 18-24 décembre 1980 : Valéry Giscard d'Estaing, entre 46 % et 52 % ; François Mitterrand, entre 48 % et 54 %), les commentateurs auraient dû adopter des positions différentes.

En dépit de la manipulation du mode de présentation, les sondages avaient ici assez nettement prédit la montée en puissance de la gauche. Pour la même période (les vingt mois précédant l'élection présidentielle), Jean Stoetzel (*Revue française de sociologie*, vol. XXIII, 1982) a pu mettre en évidence qu'il existait par ailleurs une relation entre les sondages d'intentions de vote et ceux portant sur des indices de popularité des personnalités politiques en présence, les uns indiquant la baisse régulière des intentions de vote pour Valéry Giscard d'Estaing, les autres celle des « préférences » pour Valéry Giscard d'Estaing comme président, ou celle des jugements « positifs » sur son action.

On constate également qu'à l'approche de l'échéance électorale les résultats des sondages tendirent à se rapprocher du vote effectif (SOFRES, 8 mai 1981) : 52 % pour François Mitterrand ; IFOP, même date : 52,3 %.

Une multiplicité de sondages sur un point aussi précis et « simple » que l'anticipation du vote pour les élections présidentielles à la française a donc souvent donné des résultats assez efficaces, qui ne sont cependant bien perçus que par ceux qui sont susceptibles de suivre l'évolution des sondages dans le temps, ou par ceux qui ont accès aux sondages confidentiels.

Mais dans d'autres cas, les sondages politiques ont pu se révéler nettement faussés dans leurs estimations, pour plusieurs raisons différentes : soit du fait des difficultés d'échantillonnage ; soit parce que la préconstruction des opinions a été rendue impossible par une sorte d'opacité des futurs électeurs (cas de l'élection présidentielle de 1995 en France : voir encadré ci-dessous) ; soit encore que la formulation d'une question soumise au vote (cas d'un référendum) entraîne un changement par rapport à son principe ; soit enfin que le résultat du sondage ait lui-même influé sur les attitudes ultérieures des électeurs.

Les sondages et les élections présidentielles de 1995

Rappelons l'aspect très particulier d'un scrutin présidentiel : la personnalité et la sensibilité des candidats en lice jouent un rôle déterminant dans le choix des électeurs. Les rebondissements de la campagne de 1995 tiennent aux changements rapides et profonds qui ont affecté l'image des protagonistes : les favoris ont été successivement Jacques Delors (non candidat), Édouard Balladur (Premier ministre en titre), Jacques Chirac (maire de Paris). Le résultat du premier tour a aussi créé la surprise, le candidat socialiste Lionel Jospin (perdant désigné) arrivant en tête (23,3 %).

Ce scrutin fut présenté en 1995 comme un échec des sondeurs (et des « sondomaniaques »). Ce jugement, assez répandu, traduit un certain désarroi face aux catégories mêmes de la scène politique. L'affaiblissement des repères nationaux tant sur le plan politique que sur le plan économique, le déplacement des enjeux vers l'Europe ou vers le monde dirigé par un système financier international américano-centré, la distension des liens stables dans le territoire et le travail, tout ce processus en accélération finit par atteindre la représentation de la civilité, suscitant le vertige dans l'esprit des électeurs (sur ce phénomène, cf. Denis Duclos [59]).

En 1992, Jérôme Jaffré (« Effets de campagne, changements de l'électorat », *Pouvoirs*, n° 63, 1992, p. 103-116) se demande déjà si « la baisse de l'engagement politique des Français ne va pas accroître l'importance des campagnes, la faible implication observée à trois mois du scrutin tend[ant] à s'atténuer au fur et à mesure qu'approche l'élection ». Ce n'est un paradoxe qu'en apparence : c'est parce que les citoyens se sentent moins concernés par l'espace public « normal » qu'ils s'en désintéressent entre deux scrutins, leurs opinions se déplaçant vers des représentations imaginaires (de repli ou de rêve), avant d'être ramenés aux limites prescrites, peu de temps avant le vote. Mais, en se réengageant tardivement dans cette voie, les électeurs se trouvent alors devant des candidats et des programmes qui, pour capter ce qu'on pense être un « marais » des indécis, sont aussi peu différenciés que possible. Ainsi frappe l'absence au cœur du débat des enjeux essentiels, tels le partage du travail et des gains de productivité, le sens du travail et des échanges dans la vie sociale, la délocalisation des patrimoines et des emplois, le choix entre rémunération du capital ou salaire, la liberté ou la contrainte dans les modes de vie, de transport, de consommation, la pollution du sol, de l'air et de l'eau, le retour des endémies, la résurgence de formes néocoloniales à travers l'endettement auprès de la Banque mondiale, etc.

Absentes du débat politique officiel, ces questions traversent pourtant la société, et même le monde industriel, où maints frémissements sont perceptibles. On passe en quelques mois de l'apologie de la rente et de la baisse des faibles salaires (rapport Minc) à la discussion sur l'emploi et les salaires (élection de Jean Gandois à la tête du CNPF, discours sur l'emploi et les salaires du candidat Jacques Chirac). Des grèves ou des mouvements sociaux sont interprétés, dans les cercles dirigeants eux-mêmes, comme signes précurseurs d'une possible explosion sociale (qui surviendra d'ailleurs, à une échelle certes limitée, en décembre 1995).

Ces élections manifestent la combinaison paradoxale d'une grande fluidité de l'électorat et d'une stabilité déconcertante de certaines attitudes. Côté fluidité, Jérôme Jaffré constate, à l'aide des sondages réalisés à trois mois du scrutin, que les électeurs expriment un choix massif en faveur d'Édouard Balladur, mais le directeur de la SOFRES « s'interdit d'en tirer des conclusions définitives ». Car « moins de la moitié du corps électoral (48 % exactement) déclare que son choix est définitivement fixé » (*Le Monde*, 12 janvier 1995, p. 7). Ce taux d'incertitude est en effet bien plus élevé que lors d'autres scrutins présidentiels à une période équivalente de la campagne, et il perdure : à une semaine du scrutin, les indécis sont encore 34 % (sondage IFOP). De plus, l'identité des candidats fermes n'est connue que tardivement, ce qui contribue à brouiller les mesures. Dès que les noms sont fixés, trois semaines avant le premier tour, 1,5 million d'électeurs potentiels changent de camp. Entre le premier et le second tour, ce sont 1,8 million d'électeurs qui basculent, mouvement tout à fait incontrôlable par les savantes opérations de « raisonnement » des sondages ordinaires.

Une stabilité se révèle, en même temps, dans la continuité des présidentielles de 1981, 1988 et 1995. Lors des premiers tours, Jacques Chirac obtient 18,5 %, 19,9 %, et 20,47 %, soit une faible progression (moins de 2 % en quatorze ans). Les candidats écologistes obtiennent 3,9 %, 3,83 %, et 3,35 %, soit une légère érosion de 0,45 %. Les seconds tours aussi se ressemblent, avec leur traditionnelle polarisation gauche-droite scindant l'électorat en deux parts quasi égales.

La particularité du candidat Jacques Chirac est de ne pas se laisser dérouter par l'état de l'opinion publique photographié par les sondages, et de se laisser plutôt porter par la sympathie des *Guignols de l'info* pour le personnage qu'il incarne. Son discours « social » lui doit alors une part de l'électorat ouvrier qui, *in fine*, fera la différence.

Dans le cas d'un référendum, la prédictivité des sondages est encore plus difficile à assurer, le choix ne portant pas sur un candidat, mais sur une question plus ou moins complexe, dont la formulation exacte peut n'être connue du public que peu de temps avant la consultation, ce qui peut entraîner des revirements soudains.

Ainsi, en mai 1980, le gouvernement du Québec organisa un premier référendum [46] afin d'obtenir un mandat de négociation auprès de la Confédération canadienne sur le principe de « souveraineté-association » de la province. Cette consultation se situant dans la tradition du projet indépendantiste du Parti québécois (au pouvoir depuis novembre 1976) avait donné lieu à de multiples évaluations par les sondeurs de ses chances de succès. Or, ces prévisions donnèrent des résultats très différents selon qu'était mis en avant tel ou tel aspect du choix. Dans un sondage Gallup publié en 1977, 70 % des personnes interrogées étaient hostiles « à la rupture avec Ottawa » (symbole du gouvernement fédéral), tandis que la notion de « souveraineté-association » recueillait 40 % d'opinions favorables (dans un sondage CROP publié la même année).

Malgré les variations successives des thèmes de la campagne et l'aspect très allusif du libellé exact de la question du référendum rendu public six mois avant la consultation (« Accordez-vous au gouvernement du Québec le mandat de négocier l'entente proposée entre le Québec et le Canada ? »), ce pourcentage de 40 % de réponses favorables ne devait pas varier beaucoup et correspondait en fin de compte, à peu près exactement, au résultat du scrutin (39,74 % de « oui »).

Il n'en fut pas de même pour la proportion des « non », beaucoup plus forte dans le vote réel (58,52 %) que dans les pronostics (entre 36,5 % et 49 %). La raison de cette importante différence semble être la grande difficulté de prévoir le comportement des indécis, et cela d'autant plus qu'ils sont plus nombreux (entre 14 % et 23 % dans le cas québécois). Les hypothèses élaborées par les instituts de sondage ont, dans ce cas, prédit une répartition des indécis (66 % de francophones et 95 % des anglophones seraient pour le « non ») qui aboutit à une prévision de 44 % de « oui » et de 56 % pour le « non », sensiblement déséquilibrée en faveur du « oui » par rapport au résultat du vote. Le travail d'analyse des critères de répartition n'a donc pas, en l'occurrence, réussi à saisir tous les indicateurs de déplacement vers le « non ».

Pour pallier cette difficulté, l'évolution de l'opinion sur le deuxième référendum sur la question de l'indépendance du Québec (octobre 1995) fut constamment auscultée par les sondeurs québécois. A la question référendaire (cf. *supra*, p. 49) imaginée dans un sondage à huit mois de la consultation, un résultat moyen était de 46 % en faveur du « oui » à l'indépendance si l'on intégrait une prévision des votes de l'ensemble des indécis, alors que, parmi ceux qui annonçaient leur intention ferme de voter, 51,9 % étaient en faveur du « oui » (sondage CROP/SOM/CREATEC réalisé pour le Parti libéral du Canada auprès de 10 000 répondants, *La Presse*, 7 février 1995, Guy Larocque).

Les résultats réels déjouèrent encore une fois la tentative de percer l'énigme de l'« indécision » et de ses fluctuations : avec près de 50 % des suffrages, les partisans du « oui » s'approchèrent de la victoire comme ils ne l'avaient jamais fait jusque-là.

• *Les difficultés croissantes de la prévision en cas de changement du « paysage » politique*. — Peut-être parce qu'ils sont nouveaux et encore peu repérés dans l'« ordre du dicible et du visible » dont parle Jacques Rancière, les votes sur des candidats nouveaux ou « périphériques », pour reprendre l'expression de Pascal Perrineau, directeur du CEVIPOF (*Le Monde*, 26 avril 1995) — écologistes, contestataires, alternatifs, réactionnels, etc. — sont parmi les plus difficiles à mesurer. Situées aux avant-postes de la mesure de l'opinion, les enquêtrices constatent que nombre de personnes ne se reconnaissent plus de manière stable dans telle ou telle famille politique. Dans une enquête sur les intentions de vote aux présidentielles de 1995, une interviewée rappelle avoir voté en 1988 Laguiller au premier tour, puis Mitterrand au second tour des présidentielles. Elle annonce qu'elle votera de Villiers, mais qu'elle pense que c'est Balladur qui sera élu. Devant une telle amplitude des références, les multiples questions prévues pour cerner le choix le plus probable de l'électrice potentielle deviennent moins opérantes. D'autant qu'il semble que, lorsqu'ils ne savent pas comment répondre, les sondés indiquent un choix « écologiste » ou « vert » (sans indication partisane). Ce choix n'est pourtant pas signe d'une adhésion : on manifeste plutôt ainsi la suspension du jugement, la désignation d'un refuge temporaire, à côté du monde « politicien », dont les repères se brouillent ou s'inversent : la gauche pratique la politique de la droite rentière, la droite chiraquienne se fait héraut de la création d'emplois, la tradition gaullienne consacre l'abdication de la France devant les exigences anglo-saxonnes de l'Union européenne ou de l'OTAN, etc.

Ce brouillage des idées a sans doute été l'un des facteurs expliquant l'erreur importante de prévision du vote écologiste lors des élections législatives de 1993. Six mois avant la consultation, l'institut CSA accorde en effet 19 % aux Verts (Enquête CSA/*France-Info-Le Parisien*/France-Inter réalisée auprès de 1 006 personnes les

8 et 9 février). Or, comme Éric Dupin l'observe, le score des écologistes s'élève à 26 % chez ceux qui ne sont « pas du tout intéressés par la politique » (*Libération*, 11 février 1993, p. 7, « Sondages : les deux duels de la bataille électorale »). Ces résultats — pas vraiment interprétés — font trembler industriels, pollueurs, bétonneurs, transporteurs autoroutiers. Mais, à l'approche du scrutin (et donc avec le retour de l'intériorisation du « principe civique »), le résultat attribué aux Verts s'abaissera doucement (16 %, BVA, le 20 septembre, 12 % une semaine avant le vote). Le score final s'établira à 10,7 % toutes listes vertes confondues, ce qui demeure un succès considérable, en comparaison des précédents scrutins législatifs.

Mais, au regard des intentions de votes saisies par sondage, c'est un effondrement. Au lieu de réfléchir sur la défiance réellement exprimée par les sondés à travers une « fausse intention » de vote vert, l'*establishment* fonce alors dans la brèche apparemment ouverte par la « disparition » des votes écologistes : le gouvernement Balladur pense pouvoir ignorer les demandes d'amélioration de l'environnement, et les écologistes éclateront en une constellation de groupuscules. Cet effet dévastateur du sondage sur le jeu des acteurs politiques est à rapporter à la difficulté de mesurer l'impact de la publication des sondages sur les votes eux-mêmes. Si les électeurs semblent relativement peu impressionnables par les sondages publiés, il est indéniable, en revanche, que les politiciens sont conduits à l'enthousiasme ou au désespoir, causes d'erreurs lourdes de conséquences.

Le mépris du monde industriel face à l'effondrement allégué des mouvements écologistes pourrait ainsi se révéler une erreur encore plus profonde, car la sensibilité écologiste n'est nullement affectée par ces variations superficielles, comme le montrent les enquêtes consacrées à l'évaluation des problèmes de vie quotidienne (*ibid.*). Devant indiquer leurs préférences quant aux équipements prioritaires dans leur région, les Français (urbains et ruraux) préfèrent les dessertes locales de train (69 %) aux TGV (22 %), les centres universitaires locaux (64 %) aux grandes universités (26 %), les routes de desserte locale (69 %) aux autoroutes (24 %), les centres hospitaliers locaux (62 %) aux grands hôpitaux (33 %), les commerces de proximité (77 %) aux grands centres commerciaux (17 %). Ils s'opposent clairement à toute la politique de « bétonnage » et de destruction des paysages en cours. Quelques mois après, ils manifesteront leurs inquiétudes face à la pollution atmosphérique dans la région parisienne, thème désormais récurrent.

Encore faut-il, pour reconnaître la persistance de préoccupations réelles, disposer de techniques d'enquête qui respectent leur mode spécifique d'expression. Or les enquêtrices pensent que l'abattage des sondages téléphonés est inopérant seul ; l'entretien en face-à-face, comportant une partie non directive, peut, en revanche, fournir des résultats fiables.

Le suivi des tendances économiques

L'INSEE produit essentiellement des données « factuelles ». Toutefois, dans le domaine de la prévision économique globale, certains indicateurs sont d'ordre subjectif : il s'agit des indices de confiance des acteurs économiques dans la conjoncture qui, normalement, doivent précéder des comportements d'épargne, d'investissement, de consommation, etc.

Ainsi les enquêtes de conjoncture de l'INSEE, réalisées auprès des chefs d'entreprise : l'enquête mensuelle dans le secteur de l'industrie consiste, par exemple, en une série de questions portant sur l'évolution des niveaux de stocks et sur les tendances de la production, telles qu'elles sont appréciées par les responsables.

— « Considérez-vous que vos stocks de produits fabriqués sont supérieurs à la normale ? »

— « Quelle est la tendance observée de votre production sur les trois ou quatre derniers mois : en hausse, stable, en baisse ? »

— « Quelle est la tendance probable de votre production dans les trois ou quatre prochains mois : en hausse, stable, en baisse ? »

On constate, la plupart du temps, que les prévisions du mois passé recoupent les constats de réalisation du mois suivant : elles peuvent donc être tenues pour assez réalistes. Mais, parfois, les prévisions se situent durablement au-dessus des réalisations (entre 1970 et 1973, par exemple) ou au-dessous (entre 1980 et 1984, ou après 1982, par exemple).

Comment s'expliquent de tels phénomènes ? Existe-t-il une tendance soit à l'optimisme (ne pas voir la crise économique s'installer), soit au pessimisme (voir l'avenir sombre alors qu'on annonce une reprise), qui prolonge les périodes passées, comme s'il fallait du temps pour s'adapter à un retournement de conjoncture ? Ou peut-on supposer que l'outil « publié » devient un moyen d'exprimer un mécontentement « politique » (notamment en 1982), qui n'a plus grand-chose à voir avec l'activité économique ?

Ainsi, même lorsque l'opinion des enquêtés est, par principe, fiable et précise, et que son traitement est réalisé grâce à des méthodes contrôlées, dans le cadre d'une production non marchande de données, l'interprétation des résultats peut demeurer difficile.

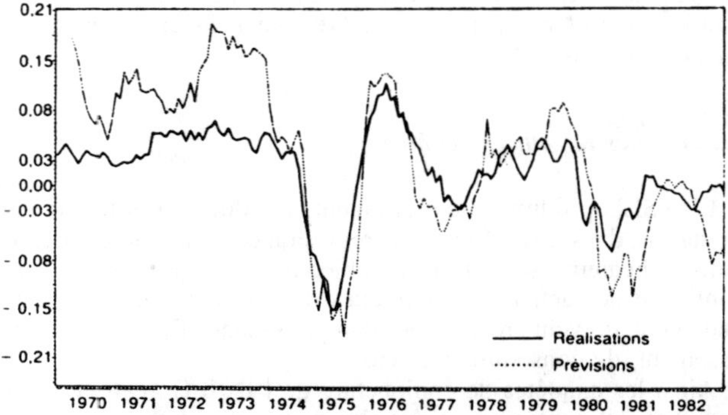

Source : A. ABOU, D. SZPIRO, « De l'enquête qualitative à la prévision économétrique », *Observations et diagnostics économiques*, revue de l'OFCE, Presses de la Fondation nationale des sciences politiques, n° 7, avril 1984.

« Styles de vie » et « courants socioculturels »

Certains instituts de sondage ont essayé de diversifier leur production. Ils vendent des études de synthèse proposant des modèles de compréhension des mouvements en cours dans la société. Les deux systèmes les plus connus sont ceux du Centre de communication avancée (CCA) et de la COFREMCA, qui réalisent des études sur les « styles de vie » et les « courants socioculturels ».

La notion de « style de vie » (issue de la phénoménologie à travers les notions de *Lebenswelt*) a été utilisée depuis longtemps par la philosophie et par la sociologie, de Max Weber à Pierre Bourdieu. Si des instituts de sondage l'ont reprise (d'abord au États-Unis), ils en font un usage différent, qui consiste à construire des typologies supposées représenter des façons d'être dans la société, se résumant dans une identité visible, s'accompagnant de signes de cohérence, tant dans le vêtement, le choix de la voiture ou de la décoration du logement que dans les mœurs familiales, les aspirations, les opinions politiques, les goûts, la conception philosophique, etc.

L'élaboration des concepts capables d'appréhender finement les rapports entre la situation objective des personnes et les positions intellectuelles et culturelles adoptées par elles dans leur trajectoire de vie est légitime. Encore faut-il que les hypothèses et la méthode utilisée puissent être discutées. Or, il a été difficile de se faire une idée de leur sérieux dans la mesure où les instituts concernés ont souvent refusé de rendre publics les questionnaires, ainsi que les modes d'interprétation des réponses. Et les appellations qu'ils ont utilisées pour désigner « styles » et « courants » n'ont guère incité à la mise en commun des concepts. Aux « utilitaristes », « aventuriers » et « recentrés » des uns s'opposèrent commercialement les « revendiquants » et les « ambitieux » des autres... La méthode semble consister à inventer un type, à partir d'un mélange d'intuitions commerciales, de sens de l'air du temps et de suggestions psychologiques, et d'observer, *a posteriori*, s'il « colle » avec des opinions suscitées par réaction à des stéréotypes variés proposés par questionnaire. L'efficacité atteinte ne serait alors pas due à la scientificité du procédé, mais à la création d'un modèle de référence plaisant aux interviewés, un peu comme on teste des modèles de vêtements en les faisant porter.

Comme il faut commencer par imaginer les prototypes, c'est de ses propres conceptions de la société qu'il faut partir, et les références peuvent être ici des options idéologiques assez classiques, mais « habillées » [33]. Il n'est pas évident que l efficacité des études styles de vie, ainsi dues à l'intuition et à l'ajustement, soit systématiquement éprouvée. Au contraire (quand Claude Sarraute ne traite pas purement Bernard Cathelat de « Nostradamus », *Le Monde*, 14 juin 1985), il semble qu'elle soit contestée, notamment dans le domaine du marketing. Jean-Noël Kapferer et Gilles Laurent ont ainsi cherché à comparer l'efficacité de la prédiction des comportements d'achat par les variables d'analyse socio-démographiques classiques (*Cahiers de l'IREP*, octobre 1980) et par les « styles de vie » et « courants socioculturels ». Leurs résultats leur permettent de constater que « dans tous les cas, le pouvoir prédictif [des variables sociodémographiques] est supérieur à celui des typologies de styles de vie ou socioculturelles, et la différence de pouvoir prédictif entre les nouvelles approches et l'approche sociodémographique est parfois considérable ». Ils en concluent que les batteries socioculturelles et de styles de vie ne peuvent pas se substituer aux profils sociodémographiques.

Malgré la faiblesse de leur prédictivité, les systèmes d'analyses recourant à des catégories subjectives reconstruites sur des critères peu précis se multiplient. BVA et la SOFRES proposeraient à leur tour leur formule « clés en main » d'approche « culturaliste », tandis que certains créateurs de mode commencent à utiliser des typologies de caractères (des « bestiaires », par exemple) pour définir leurs stratégies d'adaptation aux goûts de la clientèle.

Ce type de produits est assez rentable car, à partir du même canevas, on peut revendre tout ou partie à plusieurs clients intéressés à l'évolution générale ou à un des aspects plus particulier, alors qu'un sondage traditionnel n'est vendu qu'une fois.

En 1983, les abonnés du CCA sont au nombre de 150 et paient chacun environ 150 000 francs (ce qui donne un chiffre d'affaires global nettement supérieur à ce que consacre, par exemple, le CNRS pour les actions thématiques programmées de recherche en sciences sociales et humaines). Les résultats sont confidentiels et ne sont transmis qu'aux seuls clients. Ces derniers recouvrent approximativement les mêmes milieux que ceux des sondages d'opinion classiques (cadres du gouvernement, des grandes entreprises, médias, sociétés commerciales, etc.). Dans la presse écrite notamment, les études « style de vie » ont couramment servi — jusqu'au début des années quatre-vingt-dix — de références en matière d'analyse sociétale, du *Monde* à *Libération*, en passant par *Le Point*, *L'Écho des savanes* et la revue *Économie et Statistique* (de l'INSEE).

Quelques praticiens du marketing politique disent également utiliser les études sur les styles de vie et les courants socioculturels comme outils de réflexion sur les « lames de fond » qui traversent la société [36]. C'est particulièrement vrai de ceux qui sont issus des milieux de la publicité où ils utilisaient des techniques analogues pour promouvoir d'autres types de produits.

Jacques Séguéla, qui affirmait avoir réussi à faire élire François Mitterrand (Jacques Séguéla, *Hollywood lave plus blanc*, Flammarion, Paris, 1982), déclara avoir fondé son analyse sur l'étude des courants socioculturels de la COFREMCA. Bernard Cathelat revendiqua également la paternité de ce succès pour le CCA : « Ce n'est pas un secret que l'affiche de monsieur Mitterrand [la force tranquille], qui a été faite par l'agence Séguéla, était un peu influencée, dans la réflexion des gens qui l'ont faite, par nos travaux. » [12]

Ce type de démarches semble, depuis quelques années, déclencher moins d'enthousiasme. Ce n'est probablement pas à cause d'un regain de scrupules scientifiques, mais parce que même les constructions dites (abusivement) « culturalistes » se sont trouvées prises en défaut par l'ampleur des évolutions d'une société « post-moderne », dont les repères changent bien au-delà de ce que les plus imaginatifs avaient pu anticiper. On peut consulter à ce sujet les travaux de Salvador Juan et de Nicolas Herpin, en particulier dans la *Revue française de sociologie*, avril-mai 1986.

Le reflux survenu aux cours des années soixante-dix/quatre-vingt dans l'usage universitaire des enquêtes quantitatives sur questionnaire ne signifie pas que le recours à l'outil statistique ait été abandonné pour autant.

Ce qui distingue les enquêtes conduites dans une visée de recherche de celles que nous avons décrites n'est pas tant la procédure des questions ou leur traitement statistique : c'est plutôt le fait que dans une perspective scientifique, le résultat n'est jamais définitif ni tenu pour absolument « vrai ». Il est constamment remis en cause, pisté dans tous ses effets parasites, relativisé, retravaillé. Il sert de prétexte à de nouvelles interrogations, et permet (tout erroné qu'il soit éventuellement) à la compréhension de progresser. C'est la réouverture par la critique, qui fait que le champ scientifique — par ailleurs tout aussi impliqué qu'un autre dans les enjeux d'influence et de pouvoir — conserve son apport propre. Cette réélaboration tranche avec l'effet d'évidence auquel se tiennent la plupart des sondages et les analyses qui les accompagnent.

L'usage par les chercheurs d'enquêtes par questionnaire avec questions d'opinion concerne plusieurs catégories de problèmes. Une première catégorie touche à l'analyse de l'outil lui-même : les effets du questionnaire sur les réponses, et notamment les sources d'inductivité des questions, qui sont *a priori* peu soupçonnables. Ainsi pourrait-on supposer que les personnes interrogées dans une enquête répondent « oui » avec autant de facilité que « non ». Il n'en est rien… Nicole Tabard s'est interrogée sur ce fait constatable dans plusieurs enquêtes (« Refus et approbations systématiques dans les enquêtes par sondages », *Consommation*, n° 4, 1975) : le pourcentage de réponses négatives est nettement plus élevé chez les personnes qui, par ailleurs, ont tendance à ne pas répondre à un nombre important de questions. Il semble donc qu'une attitude de refus ne se manifeste pas seulement par le « non », mais aussi par l'absence de réponse, et qu'inversement une méfiance diffuse à l'égard de l'ensemble d'un questionnaire peut se traduire par la tendance aux réponses négatives, à la limite quel que soit le contenu de la question.

De même, Nicole Tabard s'est demandé si des réponses apparemment contradictoires ne s'expliquaient pas par un jugement global sur le questionnaire. Elle a observé d'abord à propos d'une enquête sur les attitudes des femmes à l'égard du travail que, quelles que soient les questions posées, les femmes interrogées semblent opter tout au long du questionnaire soit pour une majorité de réponses positives valorisant le travail (par exemple, la question : « Par son travail la femme se sent jouer un rôle dans la société »), soit en répondant « pas d'accord » pour celles qui valorisent la vie traditionnelle au foyer (par exemple, la question : « C'est dans la maternité qu'une femme s'épanouit le plus »). Inversement, les femmes qui sont attachées à cette dernière image ne le montrent pas directement, mais réagissent négativement aux propositions présentant le travail comme valorisant.

Le « non » apparaît donc comme un pôle de consistance de l'opinion mobilisée, de résistance aux « allégations » du questionnaire. Tandis que le « oui » systématique semble, au contraire, un pôle de faiblesse de la capacité de cohésion d'une opinion et de subordination à des injonctions (imaginaires ou réelles) de la part d'un enquêteur, même si ces dernières se contredisent. Nicole Tabard montre en effet que les tendances au « oui » sont partagées par des femmes que leur situation économique et culturelle ne met pas en position de réagir vigoureusement à l'enquête. « On peut se demander, conclut-elle, si le rapport enquêteur-enquêté est capable de produire une opinion avec son sens, donc avec les circonstances ayant conduit à la prise de conscience dont elle résulte, et même s'il réalise, hormis pour des cas exceptionnels, les conditions de son expression. » Et de citer Woody Allen : « La réponse est oui… Mais quelle peut bien être la question ? », suggérant par là que l'attitude à l'égard de la globalité du sondage a probablement plus d'importance que l'opinion sur une question ponctuelle.

La construction d'un questionnaire à visée de recherche peut avoir également pour objet de contester l'existence des prétendues opinions mises en circulation ou répandues éventuellement par des sondages trop superficiels. Elle peut montrer comment les opinions ponctuelles doivent être correctement combinées, pour faire apparaître des attitudes plus complexes, beaucoup plus proches de la réalité que n'en véhicule le sondage simpliste. Par exemple, une recherche menée sur les 18-24 ans par Catherine Gokalp (*Cahiers de l'INED*, nº 95) a permis, en utilisant un signalétique assez détaillé et des questions élaborées, de mettre en cause les stéréotypes généralement attribués aux jeunes : leur refus de s'insérer dans la société et d'accepter les exigences du travail, etc. (mais elle se heurte, en revanche, à d'autres stéréotypes : ceux du « conformisme » également attribué aux jeunes).

Une enquête à caractère de recherche peut viser à mieux distinguer, dans un ensemble d'opinions « favorables » ou « défavorables », à quels objets plus précis s'appliquent les jugements. C'est la démarche inverse de l'amalgame, dont sont coutumiers certains médias dans l'interprétation des résultats.

On a pu voir à l'œuvre cette démarche, par exemple, dans deux études menées (en 1972 et 1982) par Frédéric Bon (CERAT) et Daniel Boy (CEVIPOF), et réalisées par la SOFRES (sur financement DGRST, puis ministère de la Recherche), concernant l'évolution des opinions à l'égard de la science. Une première différence apparaît entre des jugements sur le caractère moral de la science (de moins en moins de personnes pensent que « le développement de la connaissance scientifique soit synonyme de progrès social ») et des jugements sur le caractère souhaitable de ce développement (même dans des domaines « sensibles » comme le bébé-éprouvette ou les opérations du cerveau, les personnes sont beaucoup plus favorables à un soutien de la recherche en 1982 qu'en 1972). Ces différenciations permettent de montrer que, contrairement à une idée répandue, l'image de la science n'a pas globalement souffert de la crise économique, ou des débats sur l'impact des technologies sur l'environnement. Mais, en même temps, l'étude révèle que, derrière cette attitude médiane, se cachent plusieurs mouvements différents : en particulier, que le mythe scientifique est en train de se disloquer pour certaines catégories sociales, et notamment pour les ouvriers, les employés, les personnes de faibles revenus et de bas niveau scolaire. Au contraire, ce mythe semble se renouveler très fortement parmi les couches de niveau scolaire plus élevé, chez qui l'idée que le développement de la recherche « est l'une des issues à la crise » passe bien.

Enfin, le travail des chercheurs peut consister, plus classiquement, à tenter de retrouver, parmi les catégories d'acteurs sociaux, les variables cachées, intermédiaires, généralement peu prises en compte dans les sondages, et notamment dans les sondages politiques.

Ainsi, Guy Michelat et Michel Simon ont essayé de comprendre quelles variables étaient directement corrélées avec tel ou tel comportement électoral. Selon eux, quelle que soit la catégorie socioprofessionnelle des individus, les attitudes politiques semblent varier d'abord en fonction du niveau d'« intégration religieuse » (définie par l'appartenance revendiquée à une Église, la fréquence de pratique des rites, l'insertion dans des réseaux d'action et de prosélytisme, etc.). En revanche, si l'on considère un même niveau d'« intégration religieuse », le rejet du vote de gauche est plus fort parmi les travailleurs indépendants qui pratiquent régulièrement (agriculteurs, petits patrons, industriels, gros commerçants et professions libérales) que parmi les autres catégories professionnelles.

L'analyse de divers sondages conduit ces chercheurs à observer que « les variations de vote en fonction du niveau d'intégration religieuse sont plus amples que celles enregistrées en fonction de la CSP. De la sorte, un indépendant de statut supérieur sans religion [...] a autant de chances de voter à gauche (et sensiblement plus de voter communiste) qu'un OS catholique, pratiquant régulier » (Colloque de l'AFSP, 1984).

Ces recherches permettent à tout le moins de réfléchir sur la délicate articulation des variables : ici est-ce la CSP, le niveau de revenu, le patrimoine, etc., qui influe principalement, seul ou en liaison à l'un des autres, sur le fait de voter de telle façon ?

Aux États-Unis, James S. Fishkin développe une technique dite du sondage délibératif. Nonna Mayer et Jean-Luc Parodi expliquent (Journée d'étude AFSP, 29 mars 1996) que cette technique consiste à interroger un *panel* après lui avoir fourni des informations sur le thème du sondage et lui permettre d'en discuter, pendant des périodes de plusieurs jours. L'expérience prouve que les individus émettent des opinions sensiblement différentes et plus nuancées après ces débats. Lors des sondages concernant les primaires américaines, cette technique a été utilisée avec la confrontation à des candidats. *A posteriori*, cela conforte largement les idées de Pierre Bourdieu [10] et souligne l'effet sur l'opinion d'un groupe qui se constitue.

Ce qui caractérise l'utilisation scientifique de l'enquête d'opinion, c'est l'interrogation permanente des résultats et des modalités de leur obtention.

VII / La société et le contrôle des sondages

Instrument de savoir ou d'influence, le sondage peut sembler accroître le pouvoir de celui qui le commande, et qui dispose de la maîtrise de sa publication et de son commentaire, sur ceux à qui on livre des résultats choisis, ou sur ceux dont on prétend représenter l'opinion. Ce pouvoir est souvent contesté, et de multiples « affaires » émaillent l'histoire des sondages.

Les effets des sondages

L'un des débats les plus récurrents à ce propos concerne l'influence qu'aurait la publication du sondage préélectoral sur le vote final. Il semble assuré que les électeurs sont, pour une bonne part d'entre eux, informés des pronostics faits à partir de résultats de sondages. Y. Rickebush et P. Millet ont ainsi montré (*Revue française de marketing*, 1978/4, Cahier n° 75) que, lors des élections législatives de 1978, 60 % des personnes interrogées avaient pris connaissance des sondages précédant la consultation, et que 57 %, parmi ces derniers, pensaient, comme les sondages l'indiquaient, que la gauche l'emporterait sur la droite. Les personnes qui n'avaient pas eu connaissance des sondages donnaient plus fréquemment la droite victorieuse. Toutefois, rien n'indique que les personnes aient modifié leur propre décision en fonction de la connaissance de ces prévisions.

Il est par ailleurs difficile de tester l'effet d'un sondage par un autre sondage : les personnes peuvent ne pas vouloir reconnaître qu'elles ont été influencées. En revanche, l'enquête de Rickebush et Millet (confirmée par d'autres) indiquait qu'une majorité (66 %) de personnes souhaitaient l'interdiction de la publication des sondages avant les élections, et davantage encore (80 %) pensaient que l'on parlait trop de sondages politiques sur les ondes.

Le cas des élections municipales de 1983 en France tendrait à faire penser qu'un effet « boomerang » a joué (cas où la victoire étant considérée comme acquise, les électeurs potentiels ne vont pas aux urnes). Les résultats du sondage IPSOS réalisé dans une vingtaine de villes prévoyaient de meilleurs scores pour les candidats socialistes que ceux qu'ils obtinrent effectivement. On leur reprocha à la fois d'avoir influé sur l'électorat de gauche (en le poussant à l'abstention) et sur les militants (en contribuant à les démobiliser). Jérôme Jaffré, directeur des études politiques de la SOFRES, considère ainsi que les « publications d'IPSOS ont créé artificiellement un climat d'euphorie à gauche. Sans elles, le gouvernement aurait pu éviter l'erreur d'un trop grand optimisme en fin de campagne » (*ibid.*).

Mais la démonstration de ces effets n'est pas évidente. Selon Paul F. Lazarsfeld (*Encyclopædia Universalis*, 1968), l'effet le plus fréquent du sondage sur le scrutin est la simple confirmation des électeurs dans leur opinion. Alain Lancelot souligne (*ibid.*) que « l'étude des campagnes électorales suffit à balayer l'objection d'un conditionnement massif et irrésistible de l'opinion par le miroir complaisant que lui tendraient les sociétés de sondage ». Le point de vue des experts ne suffit toutefois pas à décourager les critiques de ceux qui, dans un camp ou dans un autre, croient aux conséquences d'un usage « déloyal » du sondage.

Le sondage IFOP publié le 4 juin 1968 par *France-Soir* fut l'objet d'une vigoureuse dénonciation de la part d'une cinquantaine de chargés d'études, d'universitaires et de chercheurs (parmi lesquels J. Dumazedier, V. Isambert-Jamati, P. Naville, A. Touraine, etc.). Deux catégories de reproches étaient argumentées, dans ce qu'on pourrait nommer la première critique publique systématique des sondages en France. L'enquête incriminée indiquait que 53 % des personnes interrogées « approuvent l'attitude qu'a prise le général de Gaulle au cours de son discours de jeudi après-midi » (annoncant de nouvelles élections législatives) et que 39 % « la désapprouvent », sans qu'il ait été précisé comment ces pourcentages variaient selon l'orientation politique, la catégorie sociale, l'âge ou le sexe, etc., des individus. Or, pour les pétitionnaires, ce résultat « moyen » recouvre en fait des réponses au sens très différent, pouvant aller du soutien inconditionnel à la politique du général jusqu'à l'approbation limitée du principe du recours à la consultation démocratique dans une période aussi exceptionnelle que celle du printemps 1968. En bref, le sondage en question pratiquait l'amalgame des opinions disparates qu'il n'était pas licite d'additionner. De plus *France-Soir* titrait : « 75 % des Parisiens sont pour les élections » omettant de dire que seuls les Parisiens « intra-muros » avaient été interrogés et non les Parisiens « de l'agglomération » et qu'en conséquence certaines catégories sociales étaient surreprésentées. Enfin, les signataires déclaraient qu'il n'était même pas possible de réaliser, cette journée-là, un sondage représentatif de la population, du fait des circonstances : grève généralisée, occupation des lieux de travail, déplacements de fin de semaine (c'était un vendredi de Pentecôte). Ils concluaient que « la publication de résultats de sondages d'opinion politique est, dans ces conditions, un instrument de pression, d'intimidation et de manipulation ». Ils décidaient de refuser désormais de participer à la réalisation de sondages d'opinion tant qu'ils ne pourraient pas être effectués dans des conditions normales et invitaient les journalistes et les travailleurs de la presse écrite et parlée à renoncer à diffuser des résultats tronqués, partiels ou déformés.

De telles polémiques sont aujourd'hui moins fréquentes ; d'une part, les sondages sont réalisés avec plus d'attention et, d'autre part, les diverses instances politiques et syndicales se sont familiarisées à la technique des sondages pour leur propre compte. Elles ont appris à en gérer les potentialités diverses. Toutefois, quelques affaires « éclatent » encore, notamment lors de campagnes politiques importantes. Ainsi eut lieu en 1984 une suite d'affrontements entre la droite et la gauche, utilisant les sondages pour donner l'impression qu'elles disposaient chacune d'une majorité « de 70 % de Français » sur la question des libertés. Aux « 70 % » brandis par la première autour du thème de l'école « libre » furent opposés les « 70 % » de Français pour le « principe du référendum sur les garanties fondamentales des libertés publiques ». A la droite assimilant la défense de l'école privée à la lutte pour les libertés répondait la recherche par la gauche d'un thème sur lequel les citoyens ne pouvaient être que largement favorables. Outre la « création » d'un fait majoritaire s'est ajoutée, dans le cas du sondage de l'Association pour le référendum, une présentation discutable. La page de journal louée pour annoncer les résultats n'indiquait qu'en petits caractères la question posée et donnait à penser que l'initiative présidentielle était soutenue, alors qu'il s'agissait seulement du principe du référendum sur les libertés. Par ailleurs, la commission des sondages critiqua certaines imperfections du sondage lui-même, réalisé par IPSOS : questions posées par téléphone, délais très courts, jour de l'enquête (1er août) rendant difficile la construction d'un échantillon correct, etc. L'opposition utilisa ces aspects et parvint à éviter un débat sur le fond pour lequel d'autres sondages (d'ailleurs non publiés, comme le rappelait l'article « La sourdine des sondeurs » du *Canard enchaîné* du 8 août 1984) allaient dans le même sens que celui d'IPSOS.

La non-publication peut être une arme à double tranchant pour celui qui en utilise les ressources. Dans le cas d'un sondage *Le Figaro*-SOFRES réalisé (mais non publié) peu avant les élections présidentielles de 1981, et dont le résultat était peu encourageant pour Valéry Giscard d'Estaing, des « fuites » furent organisées. En en prenant connaissance, les états-majors électoraux du PS et du RPR protestèrent énergiquement (*Le Monde*, 13 avril 1981) : Laurent Fabius estimant que le « motif réel » de cette non-publication était « d'éviter par tous les moyens de traduire le sentiment de rejet du pays à l'encontre du président sortant », Jacques Toubon déclarant, quant à lui, qu'on allait « au-delà de la phase de manipulation des sondages pour en arriver à celle de la rétention d'information ».

Le contrôle de la pratique et des utilisations du sondage

La mise en cause des sondages, la discussion de leur influence sur les choix des électeurs et des tentatives de les exploiter à des fins manipulatoires ont été à l'origine d'importantes dispositions en matière légale : tout particulièrement la loi de 1977 réglementant la publication des sondages préélectoraux, ainsi que la création d'une commission des sondages, d'une part, et de la Commission nationale Informatique et Libertés, d'autre part, compétente pour intervenir sur le traitement informatique et sur le mode de conservation des fichiers.

En fait, peu de pays ont adopté des lois réglementant la publicité des sondages préélectoraux [23]. Au Canada, depuis 1969, il est interdit de diffuser des sondages électoraux à la télévision et à la radio pendant les deux jours qui précèdent la consultation. Au Portugal et au Brésil (depuis que les élections ont été établies), l'interdiction de publication s'étend à toute la période de la campagne électorale. La Grande-Bretagne et les États-Unis n'ont pas de loi de ce type.

En France, malgré la faiblesse des preuves concernant les effets néfastes du sondage préélectoral, d'ardents promoteurs de l'interdiction de publication ont été davantage écoutés. Pour Édouard Bonnefous, sénateur, la consultation peut être faussée de deux manières : si les sondages sont favorables, le candidat aura tendance à ne pas livrer bataille ; s'ils sont défavorables, le candidat risque de s'engager sur les chemins de la démagogie. Considérant que la publication pouvait renforcer ces effets, les sénateurs ont adopté, le 19 décembre 1972, à l'unanimité, une proposition de loi demandant d'interdire la publicité et la diffusion des sondages d'opinion pendant la durée légale des campagnes électorales. Le Parlement n'a pas immédiatement suivi les sénateurs, et ce n'est qu'en 1977 qu'une loi « relative à la publication et à la diffusion de certains sondages d'opinion » est votée. La gauche s'est opposée assez unanimement au texte de loi en invoquant la liberté de l'information, mais elle n'a pas saisi le Conseil constitutionnel, ignorant ainsi les appels pressants de Maurice Duverger.

L'article 1 de la loi précise son champ d'application : « La publication et la diffusion de tout sondage d'opinion ayant un rapport direct ou indirect avec un référendum, une élection présidentielle ou l'une des élections des représentants à l'Assemblée des Communautés européennes. Les opérations de simulation de vote réalisées à partir de sondages d'opinion sont assimilées à ces sondages d'opinion. »

En fait, l'interdiction, si elle évite qu'une bataille des sondages ne fasse rage en se substituant aux arguments des candidats, n'est pas exempte de tous reproches, comme nous avons pu l'observer à propos de la « rente d'informations » qu'elle attribue de fait aux clients privés des instituts, qui peuvent continuer à obtenir des résultats jusqu'à la dernière minute.

La commission des sondages est instituée par l'article 5 de cette loi. Elle est composée de neuf « sages » représentant trois hautes juridictions de l'État : le Conseil d'État, la Cour de cassation et la Cour des comptes.

Sa mission est de préserver la liberté de choix électoral des citoyens et d'assainir la pratique des sondages : dans ce but, elle a le pouvoir de contrôler tout le processus de fabrication d'un sondage, les modalités de sa présentation dans un organe de presse, et d'exiger l'insertion publiée d'une rectification lorsqu'elle l'estime nécessaire. Son activité a été importante.

Parfois, l'institut de sondage ne « reconnaît » pas le sondage publié et déclare ne pas l'avoir réalisé : il s'agit en général de sondages privés qui n'étaient pas destinés à être publiés, mais qui ont été l'objet d'une « fuite ». (Il est à noter à ce propos que, dans de telles éventualités, certaines précautions sont prises : ainsi les rapports de sondage sont souvent reproduits sans en-tête officiel de l'institut.)

Les remarques de la commission sont diverses. Certaines mises au point concernent la sous-représentation de catégories sociales, ou l'insuffisante répartition géographique, en bref la non-représentativité d'un échantillon final.

Une des interventions de la commission des sondages qui a fait couler beaucoup d'encre portait sur l'enquête déjà citée de l'institut IPSOS, pour la campagne municipale de février 1983 : Jean-Marc Lech avait fait réaliser une vingtaine de sondages en province pour *Le Point* et Europe 1. La commission des sondages procéda à une vérification dans trois villes : Strasbourg, Lyon et Nantes. Les échantillons choisis étaient respectivement de 350, 400 et 450 personnes. Or, pour de tels échantillons faibles, le taux d'erreur varie de 4,5 % à 5,5 %. Il en résulte « que les écarts entre les candidats inférieurs à ces pourcentages sont peu significatifs » (*Le Monde*, 13 avril 1981). La commission remarquait également que les enquêtes avaient été faites dans des délais trop courts, qu'il y avait, dans plusieurs cas, une concentration excessive des points d'enquête et, enfin, que la structure socioprofessionnelle de l'échantillon était trop sommaire et n'était parfois même pas portée sur le questionnaire.

La commission des sondages est compétente pour les sondages politiques publiés en France pendant les seules périodes électorales. Or, l'interdiction de publier les sondages dans la semaine qui précède les élections est désormais régulièrement contournée par les radios et journaux des pays limitrophes, ce qui rétablit l'équilibre de l'accès à l'information entre ceux (dont les citoyens) qui ne peuvent s'offrir des sondages confidentiels et ceux qui ont les moyens financiers de suivre l'opinion au jour le jour jusqu'au scrutin. Un juriste est allé jusqu'à se demander si l'usage confidentiel des sondages ne constituait pas un délit d'initié (Alain Cuisance, *Revue Petites Affiches*, 2 septembre 1992, p. 11 et 12).

Pour compenser l'absence d'instance de régulation entre les élections, certains praticiens des sondages ont créé un comité de déontologie et de statistique au sein de l'ASU (Association pour la statistique et ses utilisations) pour intervenir publiquement lorsqu'il se révèle qu'une enquête qui ne respecte pas les règles de l'art a des effets nuisibles (ou si une enquête correcte est mésinterprétée). Les effets indésirables peuvent être, par exemple, la propagation de fausses nouvelles, ou la manœuvre qui assimile une collecte de questionnaires à un référendum populaire ou à un sondage représentatif.

La « consultation nationale des jeunes » organisée sous l'égide du gouvernement Balladur est proche de l'opération politicienne utilisant la caution statistique. Du 15 juin au 1er septembre 1994, 1 539 000 questionnaires ont été remplis, dont 800 000 seront traités. L'échantillon est en moyenne plus étudiant, plus féminin et plus jeune que les 8 millions de jeunes dont il tente de tracer le profil et les attitudes. A son propos, et bien que reconnaissant l'intérêt du matériau, le comité de déontologie et de statistique, dans un communiqué conjoint avec les responsables du séminaire de méthodologie de l'INED envoyé à l'AFP, déclare que « cette consultation ne relève d'aucune méthodologie statistique permettant d'extrapoler le moindre tableau à la population des quinze-vingt ans [...] » et demande que « si une instance politique choisit de publier les résultats statistiques issus d'une large consultation, elle s'oblige à réaliser, simultanément à la consultation, une enquête scientifique auprès de la population consultée et à en publier les résultats ».

Malgré cette mise en garde, la presse publiera des tableaux statistiques sur la « consultation » comme pour un sondage représentatif traditionnel. Seul *Info-Matin* publiera une enquête représentative des jeunes (réalisée par SCP Communication pour les Galeries Lafayette sur un échantillon représentatif de 1 022 jeunes de 15 à 24 ans) qui donne, pour des questions reprises du questionnaire Balladur, des écarts de 20 %.

Un autre exemple de sondage non conforme à la déontologie est celui réalisé sur les « sans-domicile-fixe » (sondage CSA/*La Rue*/*La Croix*/FNARS, réalisé du 12 au 22 novembre 1994 sur 503 personnes ; *La Rue*, n° 14, janvier 1995). La fiche technique du sondage le présente comme échantillon national représentatif — réalisé dans soixante-deux centres d'hébergement de la FNARS. Or, au moment de l'enquête, il n'existe aucune connaissance statistique de la population de SDF permettant de construire un échantillon représentatif. Le magazine *Le Réverbère* titre : « Sondage partiel ou manip » (n° 34, 16 janvier 1995). Selon Michel Vergely, le réseau de foyers FNARS représente moins de 10 % des 400 000 SDF, la majorité d'entre eux ne vivant pas dans des foyers, mais étant « squatters », occupants de chambres d'hôtel à la journée, vivant occasionnellement chez des amis, dormant dans le métro, les gares, les cages d'escalier, les caves, les vieilles caravanes, ou sous les ponts. Un sondage incluant ces derniers aurait-il abouti au même résultat ? La presse publiera pourtant le sondage de *La Rue* sans s'interroger sur cet écart possible (et probablement non négligeable).

La CNIL (Commission nationale Informatique et Libertés, créée le 6 janvier 1978) ne développe pas principalement son activité à propos des sondages, mais la déontologie que les instituts doivent normalement respecter est compromise parfois par le mode de traitement informatique des réponses. C'est pourquoi la CNIL est intervenue à plusieurs reprises. Une enquêtrice de l'IFOP a révélé, par exemple, que plus de vingt personnes à l'IFOP et dans les sociétés sous-traitantes réalisant le traitement informatique ont successivement en main les questionnaires originaux nominatifs (*Le Monde*, 30 janvier 1981). La Commission donne des avis défavorables sur ce procédé car la conservation de ces questionnaires correspond à la formation d'un nouveau fichier concernant les attitudes et opinions. Or, selon la CNIL, chaque citoyen est fiché en moyenne cinq cents fois et il existe 130 000 fichiers non interconnectés (*Le Monde*, 9 novembre 1982).

Si elles ont ainsi permis de soulever publiquement les problèmes de fabrication d'un sondage, ces institutions, récentes et fragiles, n'ont encore que des moyens restreints d'exercer leur mission, face à une prolifération rapide des sondages. Des propositions ont été faites pour les renforcer et les « démocratiser » en les ouvrant à des élus, des syndicalistes, des chercheurs, etc.

Ainsi, Marcel Bleustein-Blanchet, alors président de Publicis, imagina la création d'un Centre d'étude des intentions de vote (CEIV), « organisme paritaire des sondages électoraux auquel souscriraient les médias et les instituts d'études et à qui incomberait la responsabilité entière de gérer les enquêtes d'opinion en période électorale ». Le programme de sondage serait unique, mis au point par les spécialistes et sous-traité aux différents instituts. L'idée semble pour l'instant ne pas avoir fait consensus dans la profession. Le groupe communiste de l'Assemblée nationale a déposé un projet de loi relatif aux sondages d'opinion, où il est proposé notamment, outre d'attribuer aux personnels des instituts un droit de regard réel sur le fonctionnement de l'entreprise en alliant la défense des intérêts des personnels au respect des codes de déontologie professionnelle, de rendre obligatoirement publics tous les sondages effectués pour le compte d'une administration, d'une entreprise publique ou d'un service public. Enfin, il a été proposé de sauvegarder les archives des instituts de sondage, dans une perspective de recherche historique. Il semble en effet qu'on assiste à des pertes importantes : les archives de SECODIP ont brûlé ; celles de nombre d'instituts sont souvent jetées, ou pourrissent dans des caves, alors que les Archives nationales n'auraient pas pu accueillir celles de l'IFOP par manque de place.

L'avantage d'un projet de « sondothèque nationale », d'accès libre et gratuit, et scientifiquement indépendante, pourrait être également de connaître le détail des méthodes (échantillonnage, mode de choix des variables explicatives, etc.) qui ont guidé les enquêtes existantes, et, en retour, d'inciter les instituts à hausser le niveau moyen de leurs pratiques au point de rendre possible la réutilisation scientifique de leurs données.

L'orientation vers le contrôle public et vers le débat scientifique semble, en tout cas, de meilleure politique que l'interdiction ou la surveillance bureaucratique, pour assurer l'intérêt et la plus grande transparence des sondages d'opinion, ainsi que l'accès des citoyens à la maîtrise de cette information… qui est censée représenter ce qu'ils pensent.

Conclusion

En apparence, rien de plus simple ni de plus évident qu'une réponse « oui » ou « non », « d'accord » ou « pas d'accord », à une question posée dans un sondage et publiée ensuite par les médias. Après tout, à une époque et dans une société où les citoyens sont concernés par de multiples problèmes collectifs, n'est-il pas normal que les techniques modernes de communication et d'information rendent compte des diverses sensibilités, et de leur évolution, permettant ainsi d'animer et d'éclairer le débat public nécessaire à l'exercice de la démocratie ? Cet objectif idéal n'est pas contestable, mais sa mise en œuvre ne va pas sans problèmes : comme nous l'avons vu au long de ce livre, le sondage d'opinion reste aujourd'hui source d'illusions et de manipulations quant à l'image qu'il donne de ce que pensent les personnes interrogées. Ces déformations sont rendues possibles par l'exploitation, dans une visée persistante de suggestion ou d'influence sur le public, des difficultés mêmes de l'appréhension des opinions.

De ce point de vue, si nombre de sondages font « comme si » les réponses qu'ils obtiennent étaient des opinions réelles, les enquêtes plus sérieuses ne leur opposent pas d'autres certitudes, mais plutôt travaillent à montrer la complexité de la notion d'opinion. Ce travail-là, même s'il se réalise dans l'indépendance d'une démarche de connaissance, a directement à voir avec les problèmes de démocratie : en effet, on peut penser que l'un des objectifs du débat démocratique est de parvenir à une meilleure prise en compte des positions minoritaires, des conceptions, des témoignages, des expériences ordinairement écartées de ce qui est « mis en scène » par les grands médias, les formations politiques ou les forces économiques. Or, ce sont précisément ces aspects que contribue à gommer un sondage mis au service de la « massification » de l'opinion, et de sa « création » en fonction des intérêts des puissants clients des instituts. Inversement, en montrant que les opinions n'émergent que dans des conditions sociales précises, à la fois contraignantes pour leurs participants et contrôlées par elles, et comment le sondage vient d'une certaine façon changer les règles habituelles d'une conversation, les sciences sociales apportent des éléments de réflexion sur ce que pourraient être les conditions du passage entre ces débats particuliers, concrets, et un débat plus « sociétal » (Habermas).

Déjà, il se développe, autour de la prévision des votes, toute une discipline visant à la quasi-exactitude, et pourchassant le paramètre incontrôlé, tandis qu'une fraction non négligeable des sondages se révèlent conformes à des normes déontologiques plus sérieuses, et deviennent plus respectueux des paradoxes de l'opinion. Il faudrait néanmoins renforcer l'existence d'un pôle de recherche qui soit assez autonome des impératifs commerciaux ou de pouvoir pour garantir une distance critique. Le sondage d'opinion rencontre donc des limites. Il est important que chacun, en tant que membre actif de la société, les perçoive mieux, s'il ne souhaite pas, à terme, se voir remplacé, dans la discussion civique, par la référence au « sondé ».

De telles précautions éthiques dans une technique de saisie des opinions sont d'autant plus nécessaires que se trouve contestée aujourd'hui la trop grande limitation des prérogatives populaires par le cadre prescrit de la scène politique. Cette contestation passe en partie par une « grève des opinions prédictibles », que manifeste une crise d'efficacité des sondages dans plusieurs pays européens depuis les années 1993-1994.

On en conclura, avec Léon Scheer (*Libération*, 7 mars 1995), que « la seule majorité qui s'affirme dans les sondages actuels est celle des insondables [...]. On arrive à une véritable dissolution de l'opinion ». Nous pourrions ajouter : mais de quelle opinion ? De celle qu'on prête aux autres pour s'en légitimer, ou mieux les manipuler ? Ou de ce mouvement obscur et inquiet, toujours en recherche, qui est au fond de notre subjectivité civile et qui attend reconnaissance du débat avec nos semblables en égalité démocratique ?

Aux instituts de sondage la tâche d'inventer d'autres techniques de mesure, ou de revenir à des enquêtes qualitatives, au fond plus respectueuses d'autrui ; aux politiciens le devoir de traiter des problèmes et désirs des citoyens, non comme si ces derniers étaient des masses agrégées d'individus, mais pour ce qu'ils sont, selon le pacte démocratique : les tenants fondamentaux de la souveraineté politique.

Sources documentaires et bibliographie

Sources documentaires

Le contenu d'un sondage existe sur trois supports : la mémoire informatique sur laquelle sont stockés les résultats, le compte rendu remis au demandeur, les articles de presse. Dans la plupart des cas, seul le troisième support est accessible. Les revues publiées par les divers instituts sont des sources importantes d'informations. Signalons tout particulièrement la revue *Sondages* publiée de 1939 à 1978 par l'IFOP, *Actualités-Informations* (SID), *Le Sondoscope* (CESEM) et la revue de la SOFRES, *L'État de l'opinion.* Certains centres de documentation universitaires engrangent systématiquement tout ce qui est accessible : le CEVIPOF avec la banque de données sociopolitiques du CERAT à Grenoble (également, celles de l'INSEE, du CREDOC et d'Havas). *Stratégies, revue française de marketing* (ADETEM), *Revue française de sciences politiques* (pour la sociologie électorale), *Revue française de sociologie* (pour la théorie de l'opinion et des sondages), *Futuribles, Consommation* (pour diverses enquêtes et réflexions sur les sondages). Éric Dupin présente un panorama des sondages : *Oui. Non. Sans opinion : 50 ans de sondages à l'IFOP*, Inter-Éditions, 1990, 319 p.

Deux annuaires de la profession ont été édités par SYNTEC et l'ADETEM, la publication en est devenue aléatoire. Plusieurs instituts de sondage éditent des bulletins en général payants ou réservés aux clients.

I / L'histoire des sondages et la notion d'opinion publique

[1] STOETZEL J., *Les Sondages d'opinion publique*, Éd. du Scarabée, Paris, 1948, 63 p.

[2] ANTOINE S., *La Fonction publique du sondage*, thèse sous la direction d'A. Sauvy, mai 1949.

[3] SAUVY A. *Le Pouvoir et l'Opinion*, Payot, Paris, 1949.

[4] MEYNAUD J. et LANCELOT A., *Les Attitudes politiques*, PUF, « Que sais-je ? », n° 993, Paris, 1962, 126 p.

[5] *Pour une histoire de la statistique*, INSEE, t. I (sans date), Paris, 593 p.

[6] BLONDIAUX L., *La Fabrique de l'opinion. Une histoire sociale des sondages aux États-Unis et en France (1935-1965)*, thèse de doctorat, Institut d'études politiques, Paris, 1994.

[7] LECLERC G., *L'Observation de l'homme : une histoire des enquêtes sociales*, Seuil, Paris, 1979, 361 p.

[8] POLLAK M., « P. F. Lazarsfeld, fondateur d'une multinationale scientifique », *Actes de la recherche en sciences sociales*, n° 25, 1979, p. 45-59.

[9] HABERMAS J., *L'Espace public*, Payot, Paris, 1979, 324 p.

[10] BOURDIEU P., « L'opinion publique

n'existe pas », *in Questions de sociologie*, Minuit, Paris, 1980, p. 222-235.

[11] « Science et théorie de l'opinion publique, hommage à J. Stoetzel », Retz, *Actualité des sciences humaines*, Paris, 1981, 316 p.

[12] *L'Opinion publique : examen critique, nouvelles directions*, recueil d'articles publiés sous la direction de J. PADIOLEAU, Mouton, coll. « Textes de sciences sociales », Paris, La Haye, New York, coédition EHESS, 1981, 392 p.

[13] « L'opinion publique », numéro spécial de la revue *Pour*, n° 92, novembre-décembre 1983, 103 p.

[14] *Conférence de presse* (25 mars 1981) de la commission Sondage de la Fédération nationale des personnels des sociétés d'études, de conseil et de prévention, CGT, 13 p.

[15] CARLIER F., « Démocratie et sondages d'opinion », *Problèmes politiques et sociaux*, n° 666, novembre 1991, La Documentation française, Paris, 62 p.

[16] DESROSIÈRES A., *La Politique des grands nombres : histoire de la raison statistique*, La Découverte, Paris, 1993, 400 p.

II / Méthodes et pratiques des sondages d'opinion

[17] BON F., *Les sondages peuvent-ils se tromper ?*, Calmann-Lévy, coll. « Questions d'actualité », Paris, 1974, 213 p.

[18] « Sondages d'opinion… et opinions sur les sondages », *La Nef*, décembre 1973-janvier 1974, n° 53, 100 p.

[19] CHAMPAGNE P., « Sondages d'opinion et consensus politique », *Pouvoirs*, n° 5, 1978, n° spécial sur le consensus, p. 93-101.

[20] CHAMPAGNE P., « Le cercle politique : usages sociaux des sondages et nouvel espace politique », *Actes de la recherche en sciences sociales*, mars 1988.

[21] CHAMPAGNE P., *Faire l'opinion, le nouveau jeu politique*, Minuit, coll. « Le sens commun », Paris, 1990, 312 p.

[22] STOETZEL J. et GIRARD A., *Les Sondages d'opinion publique*, PUF, coll. « Le psychologue », Paris, 1979, 283 p.

[23] LAZAREFF A., *Le Droit des sondages politiques*, Librairie générale de droit et de jurisprudence, 1983, 128 p.

[24] « Les sondages », *Pouvoirs*, n° 33, avril 1985, 187 p.

[25] BERTHIER N. et F., *Le Sondage d'opinion*, Éditions ESF, Paris, 1978, 200 p.

[26] DEROO M. et DUSSAIX A.-M., *Pratique et analyse des enquêtes par sondage*, PUF, Paris, 1980, 302 p. (technique mathématique).

[27] TASSI P. et DROESBEKE E., *Les Sondages*, Économica, Paris, 1987.

[28] LEBART L., « L'analyse statistique des réponses libres dans les enquêtes socio-économiques », *Consommation*, n° 1, Dunod, Paris, 1982, p. 39-62.

[29] PASSERON J.-C., PORTO VASQUEZ F. et SINCLY F. DE, « Le questionnement et le silence, contribution à l'interprétation des non-réponses », *Consommation*, n° 4, 1982, p. 3-44.

[30] *Le Système d'enquêtes sur les conditions de vie et aspirations des Français, 1982*, rapport préliminaire phase V, 1982-1983, CREDOC, Paris, 57 p.

[31] « Le questionnement social », textes réunis par J. RICHARD-ZAPPELLA, *Cahiers de linguistique sociale*, 1996, n°s 28/29, 394 p.

III / Le marketing politique et social

[32] DUCLOS D. (éd.), *L'Implication des sciences sociales dans le changement sociopolitique*, Économica, Paris, 1985, 158 p.

[33] « Les styles de vie et les courants socioculturels », *Rencontres sciences sociales*, bulletin n° 6, 1982, 26 p.

[34] LAUFER R. et PARADEISE C., *Le Prince bureaucrate. Machiavel au pays du marketing*, Flammarion, Paris, 1982, 352 p.

[35] ANTOINE J., *Le Sondage, outil du marketing*, Dunod, coll. « Entreprise », Paris, 1982, 203 p.

[36] BOY D., DUPOIRIER E. et MEYNAUD

H.-Y., *Le Marketing politique : de la conviction à la séduction*, communication au deuxième congrès national de l'Association française de sciences politiques, Grenoble, 25-28 janvier 1984, 29 p.
[37] « L'opinion publique et le comportement électoral », *Revue internationale des sciences sociales*, n° 146, décembre 1995.
[38] « La campagne électorale », *Pouvoir*, n° 63, Presses universitaires de France, Paris, 1992, 187 p.
[39] « Haro sur les sondages », n° spécial de la revue *Politique et parlementaire*, n° 977, mai-juin 1995.
[40] RICHARD-ZAPELLA J., *La Construction de l'opinion politique dans les sondages : de la question au discours de reformulation*, thèse de doctorat, université de Rouen, 1990.

IV / L'usage des sondages aux États-Unis et au Québec

[41] RICE S. A., *Quantitative Methods in Politics*, New York, 1928.
[42] SOROKIN P., *Tendances et déboires de la sociologie américaine*, Aubier, Paris, 1959.
[43] ROLL Charles Jr. et CANTRIL A. H., *Polls : Their Use and Misuse in Politics*, Basic Books, New York, 1972.
[44] WHEELER M., *Lies, Damned Lies and Statistics : The Manipulation of Public Opinion in America*, Liveright, New York, 1976, 300 p.
[45] HESSE-BIBER S. J. et BURSTEIN I., « The Second Sex : Women's Place in Polling Language », Department of Sociology, Boston College, *Qualitative Sociology*, vol. 4 (2), été 1981, p. 126-144.
[46] *Québec : un pays incertain : réflexions sur le Québec postréférendaire*, Québec/Amérique, Montréal, 1980, 312 p.
[47] FISHKIN J. S., *Democracy and Deliberation*, Yale University Press, 1991 ; et *The Voice of the People*, Yale University Press, 1996.

V / Analyse statistique

[48] « L'analyse secondaire », *Sociétés contemporaines*, n°s 14/15, juin/septembre 1993, L'Harmattan, Paris, p. 5-164.
[49] DUSSAIX A.-M. et GROSBRAS J.-M., *Les Sondages : principes et méthodes*, PUF, « Que sais-je », n° 701, Paris, 1993, 122 p.
[50] BLUM A., *Mathématiques et statistique appliquées aux sciences sociales*, Dunod, Paris, 1991, 190 p.
[51] LEBART L. et SALEM A., *Analyse statistique des données textuelles*, Dunod, Paris, 1988, 209 p.
[52] LEBART L., MORINEAU A. et TABARD N., *Techniques de la description statistique : méthodes et logiciels pour l'analyse des grands tableaux*, Dunod, Paris, 1977, 351 p.
[53] « La construction des données », *Sociologie et Société*, Les Presses de l'université de Montréal, vol. XXV, n° 2, automne 1993, 222 p.
[54] GREMY J.-P., « Les expériences françaises sur la formulation des questions d'enquête : résultats d'un premier inventaire », *Revue française de sociologie*, octobre-décembre 1987, vol. XXVIII, n° 4.

VI / Les sondages dans les pays de l'Est

[55] WELSH W. A., *Survey Research and Public Attitudes in Eastern Europe and the Soviet Union*, Pergamon Press, 1981, 565 p.
[56] SIECA E., *Les Sondages d'opinion en Russie de la perestroïka à nos jours (1985-1992) : un outil hautement convoité, enjeu d'intérêts multiples*, thèse de doctorat, université Paris-X, Paris, 1993.
[57] GASPARISHVILI A. et TUMANOV S, « Public Opinion Polls in Russia : a Study or the Manipulation of Mass Consciousness ? », *Sociale Wetenschappen*, vol. 37, n° 2, 1994. (Nous nous inspirons de ce texte pour l'ensemble de ce paragraphe.)
[58] OSSIPOV G. et IVANOV V., « History and Specific Features of Sociology in the Soviet Union and New Russia »,

Sociale Wetenschappen, nº 2, 1994, p. 5-19.

VII / Ouvrages généraux

[59] DUCLOS D., *De la civilité, ou comment les sociétés apprivoisent la puissance*, La Découverte, Paris, 1993, 327 p.

[60] LACHAISE G., *Crise de l'emploi et fractures politiques*, Presses de Sciences Po, Paris, 1996, 340 p.

[61] MORLAT G. et PAGES J.-P., *in* MEYNAUD Hélène Y. (sous la dir. de), *Sciences sociales et entreprise : 50 ans de recherche à EDF*, La Découverte, Paris, 1996, 385 p.

[62] Journal Officiel des Communautés Européennes, 13 avril 1995, position commune adoptée par le Conseil concernant la protection des individus en ce qui concerne le traitement de données personnelles et la libre circulation de ces données, 24 p.

Table

La collection « Repères »
est animée par Jean-Paul Piriou
avec Bernard Colasse, Françoise Dreyfus,
Hervé Hamon, Dominique Merllié
et Christophe Prochasson

L'affaire Dreyfus, n° 141, Vincent Duclert.

L'aménagement du territoire, n° 176, Nicole de Montricher.

L'analyse de la conjoncture, n° 90, Jean-Pierre Cling.

L'analyse financière de l'entreprise, n° 153, Bernard Colasse.

L'argumentation dans la communication, n° 204, Philippe Breton.

Les banques, n° 21, Claude J. Simon.

Les biotechnologies, n° 61, Chantal Ducos et Pierre-Benoît Joly.

La Bourse, n° 4, Michel Durand.

Le budget de l'État, n° 33, Maurice Baslé.

Le calcul des coûts dans les organisations, n° 181, Pierre Mévellec.

Le calcul économique, n° 89, Bernard Walliser.

Le capitalisme historique, n° 29, Immanuel Wallerstein.

Les catégories socioprofessionnelles, n° 62, Alain Desrosières et Laurent Thévenot.

Le chômage, n° 22, Jacques Freyssinet.

Le commerce international, n° 65, Michel Rainelli.

Le comportement électoral des Français, n° 41, Colette Ysmal.

La comptabilité anglo-saxonne, n° 201, Peter Walton.

La comptabilité en perspective, n° 119, Michel Capron.

La comptabilité nationale, n° 57, Jean-Paul Piriou.

La concurrence imparfaite, n° 146, Jean Gabszewicz.

Les Constitutions françaises, n° 184, Olivier Le Cour Grandmaison.

La crise dans les pays de l'Est, n° 24, Marcel Drach.

La décentralisation, n° 44, Xavier Greffe.

La démographie, n° 105, Jacques Vallin.

La dette des tiers mondes, n° 136, Marc Raffinot.

Le développement économique de l'Asie orientale, n° 172, Éric Bouteiller et Michel Fouquin.

Les DOM-TOM, n° 151, Gérard Belorgey et Geneviève Bertrand.

Le droit international humanitaire, n° 196, Patricia Buirette.

L'économie britannique depuis 1945, n° 111, Véronique Riches.

L'économie de l'Afrique, n° 117, Philippe Hugon.

Économie de l'automobile, n° 171, Jean-Jacques Chanaron et Yannick Lung.

L'économie de la culture, n° 192, Françoise Benhamou.

L'économie de la RFA, n° 77, Magali Demotes-Mainard.

L'économie de l'Italie, n° 175, Giovanni Balcet.

L'économie des États-Unis, n° 80, Monique Fouet.

L'économie des organisations, n° 86, Claude Menard.

L'économie des relations interentreprises, n° 165, Bernard Baudry.

L'économie des services, n° 113, Jean Gadrey.

L'économie informelle dans le tiers monde, n° 155, Bruno Lautier.

Économie et écologie, n° 158, Frank-Dominique Vivien.

L'économie française 1995, n° 160, OFCE.

L'économie française 1996, n° 182, OFCE.

L'économie mondiale 1993, n° 112, CEPII.
L'économie mondiale 1994, n° 127, CEPII.
L'économie mondiale 1995, n° 149, CEPII.
L'économie mondiale 1996, n° 178, CEPII.
L'économie mondiale 1997, n° 200, CEPII.
L'économie mondiale de l'énergie, n° 88, Jean-Marie Martin.
L'économie mondiale des matières premières, n° 76, Pierre-Noël Giraud.
L'économie néo-classique, n° 73, Bernard Guerrien.
L'économie sociale, n° 148, Claude Vienney.
L'emploi en France, n° 68, Dominique Gambier et Michel Vernières.
Les employés, n° 142, Alain Chenu.
L'ergonomie, n° 43, Maurice de Montmollin.
Les étudiants, n° 195, Olivier Galland et Marco Oberti.
L'Europe monétaire, n° 92, Jean-Pierre Patat.
L'Europe politique, n° 190, Guillaume Courty et Guillaume Devin.
L'Europe sociale, n° 147, Daniel Lenoir.
La faim dans le monde, n° 100, Sophie Bessis.
Le FMI, n° 133, Patrick Lenain.
La fonction publique, n° 189, Luc Rouban.
La formation professionnelle continue, n° 28, Claude Dubar.
Histoire de l'administration, n° 177, Yves Thomas.
Histoire de l'Algérie coloniale, 1830-1954, n° 102, Benjamin Stora.
Histoire de la guerre d'Algérie, 1954-1962, n° 115, Benjamin Stora.
Histoire de l'Algérie depuis l'indépendance, n° 140, Benjamin Stora.
Histoire de la philosophie, n° 95, Christian Ruby.
Histoire de la sociologie 1 : Avant 1918, n° 109, Charles-Henri Cuin et François Gresle.
Histoire de la sociologie 2 : Depuis 1918, n° 110, Charles-Henri Cuin et François Gresle.
Histoire de l'URSS, n° 150, Sabine Dullin.
L'histoire des États-Unis depuis 1945, n° 104, Jacques Portes.
Histoire des théories de la communication, n° 174, Armand et Michèle Mattelart.
Histoires du radicalisme, n° 139, Gérard Baal.
L'histoire en France, n° 84, ouvrage collectif.
L'immigration, n° 8, Ezzedine Mestiri.
L'indice des prix, n° 9, Jean-Paul Piriou.
L'industrie française, n° 85, Michel Husson et Norbert Holcblat.
Inflation et désinflation, n° 48, Pierre Bezbakh.
Introduction à la comptabilité d'entreprise, n° 191, Michel Capron et Michèle Lacombe-Saboly.
Introduction à la microéconomie, n° 106, Gilles Rotillon.
Introduction à la philosophie politique, n° 197, Christian Ruby.
Introduction à l'économie de Marx, n° 114, Pierre Salama et Tran Hai Hac.
Introduction au droit, n° 156, Michèle Bonnechère.
L'Islam, n° 82, Anne-Marie Delcambre.
Les jeunes, n° 27, Olivier Galland.
Le judaïsme, n° 203, Régine Azria.
La justice en France, n° 116, Dominique Vernier.
Lexique de sciences économiques et sociales, n° 202, Jean-Paul Piriou.
Macroéconomie financière, n° 166, Michel Aglietta.
Les médecins, n° 59, Michel Arliaud.
Les menaces globales sur l'environnement, n° 91, Sylvie Faucheux et Jean-François Noël.
La méthode en sociologie, n° 194, Jean-Claude Combessie.
Méthodologie de l'investissement

Les stratégies des ressources humaines, n° 137, Bernard Gazier.

Le syndicalisme en France depuis 1945, n° 143, René Mouriaux.

Le système éducatif, n° 131, Maria Vasconcellos.

Le système monétaire international, n° 97, Michel Lelart.

Tableau de bord de la planète, n° 135, Worldwatch Institute.

Les taux de change, n° 103, Dominique Plihon.

La télévision, n° 49, Alain Le Diberder, Nathalie Coste-Cerdan.

La théorie de la décision, n° 120, Robert Kast.

Les théories des crises économiques, n° 56, Bernard Rosier.

Les théories du salaire, n° 138, Bénédicte Reynaud.

Les théories économiques du développement, n° 108, Elsa Assidon.

Le tiers monde, n° 53, Henri Rouillé d'Orfeuil.

Travail et travailleurs aux États-Unis, n° 16, Marianne Debouzy.

Travail et travailleurs en Grande-Bretagne, n° 32, François Eyraud.

Les travailleurs sociaux, n° 23, Jacques Ion et Jean-Paul Tricart.

L'Union européenne, n° 170, Jacques Léonard et Christian Hen.

L'urbanisme, n° 96, Jean-François Tribillon.

Collection « Guides Repères »

L'art du stage en entreprise, Michel Villette.

Voir, comprendre, analyser les images, Laurent Gervereau.

L'art de la thèse, *Comment préparer et rédiger une thèse de doctorat, un mémoire de DEA ou de maîtrise ou tout autre travail universitaire*, Michel Beaud.

Collection « Dictionnaires Repères »

Dictionnaire de gestion, Élie Cohen.

Dictionnaire d'analyse économique, *microéconomie, macroéconomie, théorie des jeux, etc.*, Bernard Guerrien.

Composition Facompo, Lisieux (Calvados)
Achevé d'imprimer en France en novembre 1996
sur les presses de l'imprimerie Carlo Descamps,
Condé-sur-l'Escaut (Nord)
Dépôt légal : novembre 1996
ISBN 2-7071-1567-3